PAI Rico

Desenvolva sua INTELIGÊNCIA FINANCEIRA

Robert T. Kiyosaki

PAI Rico

Desenvolva sua INTELIGÊNCIA FINANCEIRA

Tradução e Revisão Técnica

Eliana Bussinger

Autora dos livros *A dieta do bolso* e de *As leis do dinheiro para mulheres* e colunista dos sites www.mulherinveste.com.br, www.vyaestelar.com.br e www.infomoney.com.br

ELSEVIER

CAMPUS

Do original: *Increase Your Financial*
Tradução autorizada do idioma inglês da edição publicada por Business Plus

Copidesque: Shirley Lima da Silva Braz
Revisão: Jaime Teotônio Borges Luiz e Roberta Borges
Editoração Eletrônica: Estúdio Castellani

Elsevier Editora Ltda.
Rua Sete de Setembro, 111 – 16º andar
20050-006 – Centro – Rio de Janeiro-RJ – Brasil
Telefone: (21) 3970-9300 Fax: (21) 2507-1991
E-mail: info@elsevier.com.br
Escritório São Paulo
Rua Quintana, 753/8º andar
04569-011 – Brooklin – São Paulo – SP
Tel.: (11) 5105-8555

ISBN: 978-85-352-3119-9
Edição original: ISBN 978-0-446-50936-7

Central de atendimento
Tel.: 0800-265340
Rua Sete de Setembro, 111, 16º andar – Centro – Rio de Janeiro
e-mail: *info@elsevier.com.br*
site: *www.campus.com.br*

CIP-Brasil. Catalogação-na-fonte
Sindicato Nacional dos Editores de Livros, RJ

K68p Kiyosaki, Robert T., 1947-
Pai rico : desenvolva sua inteligência financeira : 5 estratégias para aumentar seu patrimônio / Robert T. Kiyosaki ; prefácio de Donald J. Trump ; [tradução Eliana Bussinger]. – Rio de Janeiro : Elsevier, 2008.

Tradução de: Rich dad's increase your financial IQ
ISBN 978-85-352-3119-9

1. Finanças pessoais - Manuais, guias, etc. I. Título.

08-3399. CDD: 332.02401
CDU: 330.567.2

O Autor

Robert Kiyosaki, autor de *Pai Rico Pai Pobre* – o primeiro da lista Money Book do *USA Today* por dois anos consecutivos, e best-seller internacional –, é investidor, empreendedor e educador cujas idéias sobre dinheiro e investimentos fogem da sabedoria convencional. Ele tem, sozinho, desafiado e mudado a maneira como dezenas de milhões de pessoas pensam sobre dinheiro.

Robert ganhou reputação por ser direto, irreverente e corajoso ao comunicar seu ponto de vista sobre o porquê de "velhos" conselhos – conseguir um bom emprego, trabalhar arduamente, poupar e diversificar – serem "ruins" (obsoletos e imperfeitos).

Pai Rico Pai Pobre é o livro que mais tempo tem permanecido como best-seller nas quatro mais famosas listas de livros da mídia americana – *The New York Times*, *Business Week*, *The Wall Street Journal* e *USA Today*. Na famosa lista do *The New York Times*, mantém, há cinco anos, lugar de destaque.

Traduzida para 51 idiomas e disponível em 109 países, a Série Pai Rico já vendeu mais de 28 milhões de exemplares e tem dominado a lista dos mais vendidos na Ásia, Austrália, América do Sul, México e Europa. Em 2005, Robert foi incluído no Hall da Fama da Amazon.com como um dos 25 autores que mais vendem livros. Hoje, são 13 títulos da Série Pai Rico.

Robert tem duas colunas mensais: "Why the Rich are Getting Richer" (Por que os ricos estão ficando mais ricos) no *Yahoo! Finance* e "Rich Returns" na *Entrepeneurer.*

Antes de escrever *Pai Rico Pai Pobre*, Robert criou o jogo de tabuleiro Cashflow 101 para ensinar finanças e as estratégias financeiras que seu Pai Rico despendeu anos para ensiná-lo. Foram essas mesmas estratégias que permitiram que Robert se aposentasse aos 47 anos.

Hoje, existem mais de 3.300 clubes Casflow – grupos de jogos independentes de sua empresa, a The Rich Dad Company.

Nascido e criado no Havaí, Robert Kiyosaki é a quarta geração de nipo-americanos. Após se graduar, em Nova York, juntou-se à Marinha e serviu no Vietnã como oficial e piloto de helicópteros de ataque. Após a guerra, tornou-se vendedor da Xerox e, em 1977, criou a empresa que levou ao mercado a primeira "carteira de surfista" fabricada em nylon e velcro. Também fundou uma companhia internacional de educação, em 1985, que já levou conhecimento financeiro e empresarial a dezenas de milhares de pessoas. Em 1994, Robert vendeu seus negócios e, por meio de investimentos, pôde se aposentar aos 47 anos. Durante sua breve aposentadoria, escreveu *Pai Rico Pai Pobre*. De acordo com Robert: "Vamos à escola para aprender a trabalhar duro por dinheiro. Eu escrevo livros e crio produtos que ensinam as pessoas a fazer o dinheiro trabalhar duro para elas."

Nota do Autor

O dinheiro não é a raiz de todos os males

Uma das maiores falhas do sistema educacional é omitir-se com relação à educação financeira de seus estudantes. Os educadores parecem pensar que o dinheiro tem algum aspecto de devoção ou de quase-religiosidade, acreditando que *o amor ao dinheiro é a raiz de todos os males.*

Como a maioria de nós sabe, não é o amor ao dinheiro que é nocivo, mas a falta dele. Trabalhar em um emprego que odiamos é que é nocivo. Trabalhar duro e não ganhar o suficiente para sustentar nossa família é que é prejudicial. Para alguns, estar afundado em dívidas é puro infortúnio. Brigar com as pessoas que você ama por causa de dinheiro é um desastre. Ser ganancioso é prejudicial. E cometer crimes ou atos imorais para conseguir dinheiro é pior ainda. O dinheiro em si não denota o mal. Dinheiro é dinheiro.

Sua casa não é um ativo

A falta de educação financeira também leva as pessoas a tomar atitudes insensatas ou a serem facilmente iludidas por pessoas ainda mais insensatas. Em 1997, por exemplo, quando publiquei *Pai Rico Pai Pobre* e disse "Sua casa não é um ativo... é um passivo", foram inúmeras as manifestações de protesto. Meu livro e eu fomos severamente criticados. Muitos que se autoproclamavam especialistas em finanças me atacaram na mídia. Dez anos mais tarde, em 2007, quando os mercados desmoronaram e milhões de pessoas tiveram problemas – muitas, nos Estados Unidos, perderam suas casas e declararam falência, outras tantas ficaram com saldos devedores de empréstimos imobiliários maiores do que o valor de mercado de seus imóveis – esses indivíduos descobriram, dolorosamente, que, de fato, suas casas eram passivos, e não ativos.

Dois homens, uma mensagem

Em 2006, meu amigo Donald Trump e eu escrevemos em *Nós queremos que você fique rico* sobre a razão de a classe média estar em declínio e as possíveis causas para que isso estivesse acontecendo. Dissemos que muitas dessas causas eram globais, governamentais e financeiras. O livro foi criticado pela mídia especializada em finanças, mas em 2007 quase tudo que dissemos veio a se comprovar.

Conselhos obsoletos

Hoje, muitos especialistas em finanças continuam a recomendar: "Trabalhe arduamente, poupe dinheiro, mantenha-se longe das dívidas, viva dentro de suas possibilidades e mantenha uma carteira diversificada de investimentos." O problema desse tipo de aconselhamento é que ele é *ruim* – porque, simplesmente, é *obsoleto*. As regras do dinheiro mudaram em 1971. Hoje, há um novo capitalismo. Poupar, manter-se longe das dívidas e diversificar foram atitudes que funcionaram na era do velho capitalismo. Aqueles que seguiram o mantra "Trabalhe duro e poupe" do *velho capitalismo* terão dificuldades financeiras na era do *novo capitalismo*.

Informação versus *Educação*

Acredito que a falta de educação financeira no sistema educacional é cruel e perniciosa. Nos dias de hoje, a educação financeira é absolutamente essencial à sobrevivência, não importando se somos ricos ou pobres, inteligentes ou não.

Como a maioria de nós sabe, vivemos na Era da Informação. O problema com essa era é a *sobrecarga de informação*. Hoje, há informação demais. A equação a seguir explica por que a educação financeira é tão importante.

Informação + Educação = Conhecimento

Sem educação financeira as pessoas não podem transformar informação em conhecimento útil. Sem conhecimento financeiro as pessoas encontram sérias dificuldades para tomar decisões e fazem coisas como comprar uma casa e achar que é um ativo. Ou poupar sem entender as flutuações da moeda. Ou, então, são incapazes de distinguir dívidas boas de dívidas ruins. Ou ainda não conseguem compreender por que os ricos pagam menos impostos e por que o investidor mais rico do mundo, Warren Buffett, não diversifica.

Siga o líder

Sem conhecimento financeiro, as pessoas procuram por alguém que possa lhes dizer o que fazer. E o que a maioria dos especialistas financeiros diz é: "Trabalhe duro, poupe, mantenha-se longe das dívidas, viva abaixo de suas possibilidades e invista em carteiras diversificadas. Como certos animais que seguem seus líderes, essas pessoas simplesmente pulam do penhasco em um oceano de incertezas financeiras, esperando conseguir nadar até o outro lado.

Este livro não trata de aconselhamento financeiro

Este livro não lhe dirá o que fazer. Ele não é sobre aconselhamento financeiro. É sobre tornar-se financeiramente competente. Desse modo, você poderá processar as próprias informações e encontrar o caminho para o nirvana financeiro.

Em suma, este livro é sobre enriquecer tornando-se financeiramente competente. Este livro é sobre aumentar seu QI Financeiro.

Prefácio

Encontrei Kiyosaki Robert pela primeira vez em 2004. Escrevemos juntos um best-seller em 2006. No início de 2008, ficou evidente para mim que aquilo que Robert fala e escreve é mais importante do que nunca. Educação financeira é crucial a esta altura – e o discernimento de Robert nessa área é incontestável.

Observe o que discutimos em *Nós queremos que você fique rico: dois bilionários, uma só mensagem* e analise o que vem acontecendo desde então. Acredito que sabíamos sobre o que estávamos falando. Agora, Robert está levando você um passo adiante com *Pai Rico: Desenvolva sua Inteligência Financeira* e, com certeza, ele será tão pressagiador quanto fomos em 2006. Aconselho você a prestar atenção ao que ele tem a dizer.

Robert e eu compartilhamos muitas preocupações e temos trilhado caminhos similares como professores e homens de negócios. Ambos tivemos Pais Ricos que nos ajudaram a moldar nossa vida, nossa personalidade e nossos sucessos em várias áreas. Somos ambos empreendedores e investidores bem-sucedidos do mercado imobiliário porque fomos educados quanto ao aspecto financeiro e, justamente por isso, sabemos o quanto a alfabetização financeira é importante. Robert diz: "É a educação financeira que capacita as pessoas a processarem informações financeiras, transformando-as em conhecimento... mas a maioria das pessoas não tem a educação financeira necessária para assumir o controle de sua vida." Concordo plenamente.

Algo sobre Robert que notei logo após conhecê-lo: ele não é complacente. Ele é muito bem-sucedido – porque ama o que faz. E isso também é algo que temos em comum. Você tem sorte, porque ele tem muitos bons conselhos para lhe dar. Como disse em *Nós queremos que você fique rico*, qual é o sentido de ter sabedoria e não compartilhá-la? Robert responde a essa questão a cada livro que escreve.

Um dos primeiros passos para ficar rico conhecendo melhor o funcionamento do mundo do dinheiro é tirar vantagem de cada oportunidade que se apresenta. Neste momento, você tem em mãos uma grande oportunidade. Meu conselho para você é ler *Pai Rico: Desenvolva sua Inteligência Financeira* prestando muita atenção. Você estará no caminho certo para conquistar grande sucesso e liberdade financeira. A propósito, não se esqueça de *Pensar Grande*. Até lá, então, no círculo dos vencedores!

Donald J. Trump

Sumário

Introdução

O dinheiro faz de você uma pessoa rica?

A RESPOSTA É *NÃO*. O dinheiro, por si só, não o transforma em alguém rico. Todos nós conhecemos alguém que vai para o trabalho todos os dias, que trabalha por dinheiro ou que ganha dinheiro sem parar, mas que fracassa em se tornar uma pessoa rica. Ironicamente, muitas dessas pessoas endividam-se ainda mais com cada centavo extra que ganham. Todos nós já ouvimos histórias de ganhadores de loteria, milionários instantâneos, que se tornam pobres tão subitamente quanto se tornaram ricos. Também ouvimos histórias de pessoas que perdem parte ou tudo que possuem em investimentos variados, como imóveis, bolsa de valores ou outro tipo de empreendimento. Talvez você seja um desses indivíduos. Mesmo investimentos em ouro – o único dinheiro verdadeiro do mundo – podem custar dinheiro ao investidor.

Ouro foi meu primeiro investimento quando eu era um jovem adulto. Comecei a investir em ouro antes mesmo de começar a investir no mercado imobiliário. Em 1972, com 25 anos, comecei comprando moedas de ouro quando a onça estava em, aproximadamente, $70. Por volta de 1980, o preço do ouro já se aproximava de $800 a onça. Um frenesi tomou conta das pessoas. A ganância sobrepujou a precaução. Os rumores eram de que o preço da onça atingiria $2.500. Investidores gananciosos exageraram na compra de ouro, mesmo aqueles que nunca haviam comprado antes. Em vez de vender algumas de minhas moedas de ouro e lucrar um pouco com isso, adiei a venda, também esperando que o preço subisse ainda mais. Cerca de um ano depois, quando o ouro caiu abaixo de $500 a onça, finalmente vendi minha última moeda. A partir de 1980, observei a queda contínua dos preços até que finalmente chegou a $250 em 1999.

Embora eu não tenha feito muito dinheiro, negociar com ouro me ensinou algumas lições impagáveis sobre dinheiro. Uma vez que percebi que poderia perder dinheiro investindo em ativos reais, compreendi que não era o ouro, como ativo, que era valioso. Era a *informação* a respeito do ativo que, no final das contas, tornava alguém pobre ou rico. Em outras palavras, *não se trata de imóveis, ações, fundos, negócios ou dinheiro; o que faz uma pessoa rica é informação, conhecimento, sabedoria e know-how, ou seja, é a inteligência financeira que a enriquece.*

Lições de golfe ou clubes de golfe

Um amigo meu é fanático por golfe. Ele gasta milhares de dólares por ano com tacos ou qualquer novo aparato de golfe que surja no mercado. O problema é que ele não quer gastar nem mesmo um centavo com *aulas* de golfe. Assim, suas habilidades com o esporte permanecem as mesmas, ainda que ele possua os melhores e mais modernos equipamentos de golfe. Se ele investisse em aulas e usasse os tacos do ano anterior, provavelmente jogaria bem melhor.

O mesmo fenômeno insano se dá com o jogo do dinheiro. Bilhões de pessoas investem seu dinheiro suado em ativos como ações e imóveis, mas nada investem em informação. Por essa razão, seus ganhos financeiros permanecem quase sempre os mesmos.

Sem fórmula mágica

Este livro não é do tipo "enriqueça rapidamente", nem sobre alguma fórmula mágica de enriquecimento. É sobre aumentar sua inteligência financeira, seu QI Financeiro. É sobre ficar mais rico, tornando-se mais competente. É sobre as *cinco inteligências básicas* e necessárias para enriquecer, não importa o que esteja acontecendo com a economia, as ações ou o mercado imobiliário.

As novas regras do dinheiro

Este é um livro sobre as novas regras do dinheiro, que mudaram em 1971. Por conta dessas mudanças, as antigas regras se tornaram obsoletas. Uma das razões pelas quais tantas pessoas estão em dificuldades financeiras é porque elas continuam operando de acordo com as velhas regras do dinheiro. Regras antigas do tipo *Trabalhe duro, poupe dinheiro, saia das dívidas, invista no longo prazo em uma carteira de investimentos bem diversificada.* É sobre jogar pelas *novas regras* do dinheiro, mas, para fazer isso, é preciso aumentar sua inteligência financeira e seu QI Financeiro.

Após ler este livro, você estará apto a determinar se o melhor para você é seguir as *velhas* ou as *novas regras* do dinheiro.

Encontrando suas habilidades financeiras

O Capítulo 9 é sobre descobrir seu talento financeiro utilizando todas as três partes de seu cérebro. Como a maioria de nós sabe, as três partes do cérebro são esquerda, direita e subconsciente.

A razão pela qual a maioria das pessoas não enriquece é porque o cérebro subconsciente é o mais poderoso das três partes. Por exemplo, podemos estudar o mercado imobiliário e saber exatamente o que fazer por meio do cérebro esquerdo e direito, mas o poderoso cérebro subconsciente assume o controle e diz: "Oh, isso é muito arriscado! E se você perder dinheiro? E se você cometer um erro?" Nesse exemplo, a emoção do medo leva o cérebro subconsciente a trabalhar contra os desejos do cérebro direito e esquerdo. Ou seja, para desenvolver talento, habilidade em finanças, é importante, antes de qualquer coisa, saber como fazer com que as três partes de seu cérebro trabalhem em harmonia, e não uma contra as outras. Este livro explica como fazer isso.

Resumo

Muitas pessoas acreditam que é preciso ter dinheiro para fazer dinheiro. Isso não é verdade. Lembre-se sempre de que você pode perder dinheiro investindo em ouro; você pode perder dinheiro em qualquer coisa. Afinal, não é ouro, ações, imóveis, trabalho árduo ou dinheiro o que faz de você uma pessoa rica – e sim *o que você sabe* sobre ouro, ações, imóveis, trabalho árduo e dinheiro. No final das contas, é a sua inteligência financeira – o seu QI Financeiro – que o torna rico.

Continue lendo e fique ainda mais rico ao se tornar mais competente financeiramente.

Capítulo 1

O que é Inteligência Financeira?

Quando eu tinha 5 anos, fui levado a um hospital para uma cirurgia de emergência. Pelo que sei, tive uma infecção séria em meus ouvidos, decorrente de uma catapora. Ainda que tenha sido uma experiência assustadora, guardo uma carinhosa lembrança de meu pai, meu irmão mais novo e minhas duas irmãs acenando para mim do lado de fora da janela do hospital, no gramado, enquanto eu estava acamado me recuperando. Minha mãe não estava lá. Ela estava em casa, também confinada em uma cama, lutando com uma doença cardíaca.

Em menos de um ano, meu irmão mais novo foi levado ao hospital depois de ter caído de uma prateleira na garagem e ter aterrissado na própria cabeça. Minha irmã mais nova foi a próxima, por causa de uma cirurgia no joelho. E minha irmã caçula, Beth, um bebê recém-nascido, teve um distúrbio de pele que acabou intrigando os próprios médicos.

Foi um ano difícil para meu pai. Ele foi o único de nós, entre os seis da família, que não sucumbiu a um desafio médico. A boa notícia é que todos nós nos recuperamos e acabamos levando uma vida saudável. A má notícia é que as contas médicas não paravam de chegar. Meu pai não ficou doente naquele ano, mas contraiu uma doença incapacitante: dívidas médicas enormes.

Na época, meu pai era estudante de pós-graduação na University of Hawaii. Ele foi um aluno brilhante, recebera seu grau de bacharel em apenas dois anos e tinha o sonho de se tornar professor universitário. Mas, com uma família de seis pessoas, um empréstimo imobiliário e contas médicas altíssimas para pagar, ele abandonou seu sonho para assumir a função de assistente de superintendência de escolas na pequena cidade de Hilo, na Ilha do Havaí. Para poder fazer a mudança da família, de uma ilha para outra, ele foi obrigado a fazer um empréstimo com seu próprio pai. Foi uma época difícil para meu pai e para nossa família.

Embora ele tenha alcançado um tremendo sucesso profissional, obtendo, afinal, seu diploma de doutorado, suspeito que o fato de não haver realizado seu sonho de se tornar professor universitário o perseguiu até o fim de seus dias. Com freqüência, ele dizia: "Quando vocês, meninos, saírem de casa, vou voltar para a escola e fazer o que amo – ensinar."

Em vez de ser professor, no entanto, ele veio a se tornar secretário de educação para o estado do Havaí, um posto administrativo. Mais tarde, concorreu para um cargo no Executivo, abaixo apenas do governador, mas perdeu. Com 50 anos, ele subitamente se viu desempregado. Logo após a eleição, minha mãe morreu repentinamente, com 48 anos, devido ao coração enfraquecido. Meu pai nunca se recuperou dessa perda.

Uma vez mais, os problemas financeiros se amontoaram. Sem emprego, ele decidiu mexer no dinheiro que havia poupado para a aposentadoria e investiu em uma *franchise* nacional de sorvetes. E perdeu todo o seu dinheiro.

Ao envelhecer, meu pai sentiu que estava muito atrás de seus pares, e sua carreira de uma vida havia terminado. Sem o posto de autoridade máxima em educação, ele perdeu também sua identidade. Tornou-se mais e mais zangado com seus colegas ricos que haviam enveredado pelo mundo dos negócios, e não da educação, como ele próprio fizera. Criticando-os severamente, ele dizia com freqüência: "Dediquei minha vida à educação das crianças do Havaí e o que consegui? Nada. Meus amigos *filhinhos de papai* ficaram ainda mais ricos e consegui o quê? Nada!"

Nunca saberei por que ele não voltou à universidade para lecionar. Acredito que ele estava tentando arduamente enriquecer rápido para compensar o tempo perdido. Acabou buscando atividades excêntricas e perdia tempo se relacionando com golpistas. Nenhum desses esquemas de enriquecimento rápido deu certo.

Não fosse por um ou outro quebra-galho e a aposentadoria oficial, ele teria acabado na casa de um dos filhos. Poucos meses antes de morrer de câncer, com 72 anos, meu pai me chamou ao leito de morte e me pediu desculpas por não ter muito para deixar para seus filhos. Coloquei minha cabeça entre suas mãos e choramos juntos.

Dinheiro que não é suficiente

Meu pai pobre teve problemas com dinheiro durante toda a vida. Não importava quanto dinheiro ele fizesse, seu problema era *não ter dinheiro suficiente.* Sua inabilidade para resolver esse problema causou-lhe uma profunda dor até o dia em que morreu. De forma trágica, ele se sentia inadequado – profissionalmente e como pai.

Por pertencer ao mundo acadêmico, fez o possível para colocar seus problemas de lado e dedicar sua vida a uma causa maior do que o dinheiro. Ele insistiu no ponto de vista de que o dinheiro não importava, mesmo quando importava. Embora tenha sido um grande homem, grande marido e pai, além de educador brilhante, foi essa coisa chamada dinheiro que freqüentemente o perturbava, machucando-o silenciosamente, e, no final, é muito triste que tenha sido o parâmetro que ele usou para avaliar a própria vida. Ainda que fosse muito inteligente, meu pai nunca encontrou uma solução para seus problemas financeiros.

Dinheiro demais

Meu Pai Rico, que começou a me ensinar sobre dinheiro quando eu tinha 9 anos, também tinha problemas financeiros. Mas ele resolveu esses problemas de um modo diverso de meu Pai Pobre. Ele admitia que o dinheiro era importante e, como percebeu isso, esforçava-se, a cada oportunidade, para aumentar sua inteligência financeira. Para ele, isso significava enfrentar seus problemas financeiros e aprender com o processo. Meu Pai Rico não era nem de perto tão inteligente academicamente quanto meu Pai Pobre, mas, como ele resolvia seus problemas financeiros de maneira diferente, aumentando sua inteligência financeira, os problemas financeiros de meu Pai Rico eram *dinheiro demais.*

Com dois pais, um rico e um pobre, aprendi que, rico ou pobre, todos temos problemas financeiros.

Os problemas financeiros dos pobres são:

1. Não ter dinheiro suficiente
2. Usar crédito para suplementar a falta de dinheiro
3. O aumento do custo de vida
4. Quanto mais ganham, mais impostos pagam
5. Medo das emergências
6. Conselhos financeiros ruins
7. Dinheiro insuficiente para a aposentadoria

Os problemas financeiros dos ricos são:

1. Ter dinheiro demais
2. Necessidade de mantê-lo seguro e bem investido
3. Não distinguir se as pessoas gostam deles ou de seu dinheiro
4. Ter necessidade de contar com conselheiros financeiros astutos
5. Criar filhos mimados
6. Planejar a herança e a distribuição do dinheiro
7. Impostos governamentais excessivos

Meu Pai Pobre teve problemas financeiros durante toda a vida. Não importa quanto dinheiro ele ganhasse, seu problema continuava sendo a *insuficiência de dinheiro*. Meu Pai Rico também teve problemas financeiros. Seu problema era *dinheiro demais*. Qual é o problema financeiro que você quer?

Soluções ruins para problemas financeiros

Ter aprendido ainda em tenra idade que todos temos problemas financeiros, não importa quão rico ou pobre sejamos, foi uma lição muito importante para mim. Muitas pessoas acreditam que, se tivessem muito dinheiro, seus problemas financeiros acabariam. Mal sabem elas que ter muito dinheiro apenas provoca mais problemas financeiros.

Um de meus comerciais favoritos é o de uma empresa financeira e o qual começa com o rapper MC Hammer dançando com algumas mulheres lindas, um Ferrari e um Bentley, e uma mansão exageradamente grande atrás dele. No fundo, mercadorias fabulosas estão sendo colocadas na mansão. A música de Hammer, "U Can't Touch This" (Você não pode tocar nisso), acompanha todo esse movimento. Então, a tela fica preta e aparecem as palavras "15 minutos mais tarde". Na cena seguinte, MC Hammer está sentado na calçada, em frente à mesma mansão, cabisbaixo, com a cabeça entre as mãos, próximo a um letreiro que diz "Hipoteca Executada". O anunciante diz: "A vida passa rapidamente. Estamos aqui para ajudá-lo!"

O mundo está cheio de MC Hammers. Todos já ouvimos falar de ganhadores de loteria que embolsaram milhões e, poucos anos depois, acabaram afundados em dívidas. Ou sobre um jovem atleta profissional que vive em uma mansão enquanto está jogando e depois, com o fim de seus dias de glória, acaba embaixo de uma ponte. Ou ainda sobre um jovem cantor de rock que é multimilionário com 20 anos e está procurando emprego aos 30. (Ou o rapper que está vendendo produtos financeiros que muito provavelmente ele já estava usando quando perdeu seu dinheiro.)

O dinheiro, por si só, não resolve seus problemas financeiros. É por isso que dar dinheiro às pessoas pobres não resolve os problemas financeiros delas. Em muitos casos, isso prolonga o problema e cria ainda mais pessoas pobres. Veja como exemplo a idéia da assistência social do governo americano – conhecido como *welfare.* Desde a Grande Depressão, em 1929, até 1996, o governo americano garantiu dinheiro aos pobres da nação, não importando suas condições. Tudo que você tinha de fazer era se qualificar para o programa de pobreza e receber um cheque do governo – perpetuamente. Se você mostrasse iniciativa, arranjasse um emprego e ganhasse mais do que o limite, o governo cortaria seus benefícios. Como, ao trabalhar, o pobre teria outros custos associados com os quais ele não se preocupava antes – tais como roupas, uniformes, berçários, transportes –, em muitos casos eles acabavam com menos dinheiro do que antes de ter um emprego – e, naturalmente, com muito menos tempo. Melhor não trabalhar. Esse sistema beneficiou aqueles que eram preguiçosos e puniu os que mostravam iniciativa. O sistema criou ainda mais pobres.

Trabalho árduo não resolve problemas financeiros. O mundo está cheio de pessoas que trabalham muito e nada possuem. Trabalhadores árduos que ganham dinheiro, mas, ainda assim, se afundam cada vez mais em dívidas, o que os leva a trabalhar ainda mais pesado para ganhar ainda mais dinheiro.

Educação não resolve problemas financeiros. O mundo está cheio de pessoas pobres altamente cultas. Elas são chamadas de socialistas.

Um emprego não resolve problemas financeiros. Existem milhões de pessoas que ganham apenas o suficiente para sobreviver. Muitas pessoas que estão empregadas não conseguem comprar as próprias casas, ter assistência médica adequada, educação ou mesmo dinheiro suficiente destinado à aposentadoria.

O que resolve os problemas financeiros?

Inteligência financeira resolve problemas financeiros. Em termos simples, inteligência financeira é aquela parte de nossa inteligência total que usamos para resolver problemas financeiros. Alguns exemplos de problemas financeiros são:

1. "Eu não ganho o suficiente."
2. "Estou atolado em dívidas."
3. "Não posso comprar uma casa."
4. "Meu carro quebrou. Como arrumo dinheiro para consertá-lo?"
5. "Tenho $10 mil. Onde devo investir?"
6. "Meu filho quer ir para a faculdade, mas não temos dinheiro."
7. "Não tenho dinheiro suficiente para me aposentar."
8. "Não gosto de meu trabalho, mas não posso me dar ao luxo de sair dele."
9. "Estou aposentado e, a cada dia que passa, com menos dinheiro."
10. "Não posso pagar minha cirurgia."

Inteligência financeira resolve esses e outros problemas financeiros. Infelizmente, se nossa inteligência financeira não é desenvolvida à altura para resolver esses problemas, eles persistem. Não desaparecem. Muitas vezes até pioram, gerando ainda mais problemas financeiros. Por exemplo, há milhões de pessoas que não possuem dinheiro reservado para a aposentadoria. Se elas falham em resolver esse problema, ele se tornará ainda pior à medida que as pessoas envelhecerem e necessitarem de dinheiro para cuidados médicos. Goste você ou não, dinheiro afeta o estilo e a qualidade de vida – assim como permite conveniência e facilidade nas escolhas. A liberdade de escolher que o dinheiro oferece pode significar a diferença entre pedir carona nas estradas ou viajar de ônibus... ou de avião particular.

Resolver problemas financeiros o torna mais inteligente

Quando eu era garoto, meu Pai Rico me disse: "Problemas com dinheiro fazem de você uma pessoa mais inteligente... se você resolvê-los." Ele também me disse: "Se você resolver seus problemas financeiros, sua inteligência financeira aumentará. Quando sua inteligência financeira aumenta, você se torna mais rico. Se você não resolver seus problemas, ficará mais pobre. Se não resolver seus problemas, eles com freqüência lhe trarão ainda mais problemas." Se você quer aumentar a inteligência financeira, tem de ser um solucionador de problemas. Se você não resolver seus problemas financeiros, nunca será rico. Na verdade, você ficará mais pobre quanto maior for o tempo que o problema persistir sem solução."

Meu Pai Rico usava o exemplo de uma dor de dente para ilustrar o que queria dizer com um problema desencadeando outro. Ele dizia: "Ter um problema financeiro é como ter uma dor de dente. Se você não lidar com ela, a dor o fará se sentir muito mal. Se você estiver mal, provavelmente não trabalhará direito porque está irritado. Não tratar dos dentes pode conduzi-lo a complicações médicas porque é fácil para os germes crescerem e se espalharem a partir do problema de sua boca. Um dia, você perde o emprego por causa de sua doença crônica. Sem um emprego, você não pode pagar aluguel. Se você falhar em resolver o problema do aluguel, estará na rua, sem teto, com a saúde deficiente, comendo do lixo *e* ainda estará com dor de dente."

Embora tal exemplo seja extremo, essa história me marcou. Ainda bem jovem, percebi a importância de resolver problemas e o efeito dominó causado pela não-resolução desses problemas.

Muitas pessoas não resolvem seus problemas financeiros quando eles são pequenos, no estágio inicial da dor de dente. Em vez de resolvê-los, elas os agravam ao ignorá-los ou não resolvê-los ainda na raiz. Por exemplo, quando ficam com o dinheiro curto, muitas pessoas utilizam cartões de crédito para complementar o que falta. Rapidamente elas acabam com contas do cartão se acumulando e credores perseguindo-as em busca de pagamento. Para resolver esse problema, elas fazem ainda mais empréstimos ou vendem a própria casa. O problema é que elas continuam a usar o cartão de crédito mesmo depois disso. Só que agora não possuem mais uma casa própria ou então devem dinheiro a mais credores do que antes.

Para resolver esse problema, elas conseguem novos cartões de crédito para pagar os antigos. Ao se sentirem deprimidas por causa dos problemas que se amontoam, elas usam os novos cartões para sair de férias e viajar. A questão é que a raiz do problema ainda está lá, tal qual a dor de dente. A raiz do problema é a falta de inteligência financeira, e o problema gerado pela falta de inteligência financeira é a inabilidade de resolver problemas financeiros simples. Em vez de atacar o problema pela raiz – hábitos de consumo, nesse caso –, muitos o ignoram. Se você não arrancar a erva daninha pela raiz, e apenas cortar o topo, ela voltará ainda mais forte – e rapidamente. Isso também é verdade em relação a seus problemas financeiros.

Ainda que esses exemplos pareçam exagerados, eles não são incomuns. A questão é que problemas financeiros são o *problema*, mas também são a *solução*. Se as pessoas conseguem resolver seus problemas, elas se tornam mais inteligentes. Seus QIs financeiros aumentam. Uma vez que se tornam mais inteligentes financeiramente, elas passam a poder resolver problemas ainda maiores. Se podem resolver problemas financeiros mais complicados, elas se tornam ainda mais ricas.

Gosto de usar a matemática como exemplo. Muitas pessoas odeiam essa disciplina. Como é sabido, se você não resolver as lições de matemática (praticar a resolução de problemas matemáticos), não poderá resolver problemas matemáticos. Se não puder resolvê-los, então não passará no teste. Se não passar no teste, então você levará um "F" no curso de matemática.* Um "F" nesse curso significa que você não receberá o diploma do ensino médio. Então, o único emprego que você conseguirá será o de atendente no McDonald's, com salário mínimo. Esse é um exemplo de como um pequeno problema pode se tornar um problema enorme.

Por outro lado, se praticar diligentemente a resolução de problemas matemáticos, você se tornará mais e mais inteligente, e capaz de resolver equações

**Nota da Editora:* De acordo com o sistema de avaliação praticado nos Estados Unidos.

mais complexas. Depois de anos de trabalho árduo, você será um gênio da matemática e as coisas que antes pareciam difíceis parecerão simples. Todos temos de começar com 2 + 2. Aqueles que conseguem não param por aí.

A causa da pobreza

A pobreza é, simplesmente, ter mais *problemas* do que *soluções*. A pobreza é causada pela sobrecarga de problemas que a pessoa não consegue resolver. Nem todas as causas da pobreza são problemas financeiros. Podem ser problemas com drogas, um casamento com a pessoa errada, moradia em uma vizinhança comandada pelo crime, falta de especialização para o trabalho, falta de transporte ou incapacidade para cuidar da saúde.

Alguns problemas financeiros, como dívida excessiva e baixos salários, são gerados por circunstâncias que vão além da habilidade do indivíduo na resolução de problemas; e que têm muito mais a ver com o governo e com a ilusão de que a economia está bem.

Por exemplo, uma das causas dos salários baixos é a preponderância da oferta de vagas de empregos no setor de serviços. Nos Estados Unidos, os empregos mais bem pagos da indústria estão se movendo para fora do país. Quando eu era criança, a General Motors era o maior empregador dos Estados Unidos. Hoje, é o Wal-Mart. Todos nós sabemos que o Wal-Mart não é conhecido por pagar salários altos – ou por ter bons planos de pensão para seus aposentados.

Cinqüenta anos atrás, era possível para uma pessoa sem um alto grau de instrução sair-se bem financeiramente. Mesmo que tivesse apenas um diploma de colegial, um jovem poderia conseguir um trabalho relativamente bem pago na fabricação de aço ou carros. Hoje, as oportunidades de emprego estão na fabricação de hambúrgueres.

Cinqüenta anos atrás, as empresas manufatureiras ofereciam benefícios como assistência médica e aposentadoria complementar. Hoje, milhões de trabalhadores estão ganhando menos, enquanto, ao mesmo tempo, necessitam de mais para cobrir as próprias despesas médicas e poupar o suficiente para se aposentar. Todo dia, esses problemas financeiros não são resolvidos e tornam-se ainda maiores. E têm origem em um problema ainda maior, que vai além do poder individual de mudar ou resolver. Eles surgem de políticas econômicas ineficientes e fisiologismo.

As regras do dinheiro mudaram

Em 1971, o então presidente dos Estados Unidos, Richard Nixon, mudou o padrão ouro. Essa foi uma política econômica infeliz que mudou as regras do dinheiro. Ela representa uma das maiores mudanças financeiras da história; mesmo assim, poucas pessoas sabem dessa mudança e de seus efeitos no mundo econômico de hoje. Uma das razões pelas quais tantas pessoas estão em dificuldades financeiras atualmente é por causa das ações de Nixon.

Em 1971, o dólar morreu porque deixou de ser dinheiro – tornou-se moeda corrente. Há grande diferença entre dinheiro e moeda corrente.

A palavra "corrente" significa movimento, como uma corrente elétrica ou oceânica. Em termos simples, uma moeda corrente precisa se manter em movimento. Se parar de se mover, rapidamente perderá valor. Se a perda de valor for grande, as pessoas deixarão de aceitá-la. Se as pessoas deixarem de aceitá-la, o valor da moeda corrente mergulhará em direção ao zero. Depois de 1971, o dólar começou a se movimentar para o zero.

Historicamente, todas as moedas correntes, em algum momento, foram para o zero. Ao longo da história, vários governos imprimiram moeda corrente. Durante a Revolução, o governo americano imprimiu uma moeda corrente conhecida como Continental. Não levou muito tempo para que o valor da moeda fosse zero.

Após a Primeira Guerra Mundial, o governo da Alemanha imprimiu uma moeda na esperança de pagar suas dívidas. A inflação explodiu e a poupança da classe média alemã evaporou. Em 1933, frustrado e falido, o povo alemão elegeu e colocou no poder Adolf Hitler, na esperança de que ele fosse resolver seus problemas financeiros.

Também em 1933, Franklin Roosevelt criou a Previdência Social para resolver os problemas financeiros do povo americano. Embora muito populares, a Previdência Social e a Assistência à Saúde Pública (*Social Security* e *Medicare)* são desastres financeiros prontos para se transformar em imensos problemas financeiros. Se o governo americano continuar a imprimir dinheiro por questões políticas ou sociais, ou seja, moeda corrente sem lastro, o valor do dólar desaparecerá rapidamente e o problema financeiro só se tornará ainda maior. Esse não é um problema futuro. Está acontecendo agora. De acordo com um relatório recente da Bloomberg, o dólar perdeu 13,2% do poder de compra desde que George W. Bush assumiu a presidência, em janeiro de 2001.

A mudança de Nixon é uma das razões de vermos tantas pessoas endividadas, assim como o próprio governo americano. Quando as regras do dinheiro mudaram em 1971, poupadores tornaram-se perdedores – e devedores, os ganhadores. Uma nova forma de capitalismo emergiu. Hoje, quando escuto alguém dizer, "Você precisa poupar mais dinheiro", ou "Poupe para a aposentadoria", fico imaginando se a pessoa percebe que as regras do dinheiro mudaram.

Sob as antigas regras do capitalismo, era financeiramente inteligente poupar *dinheiro.* Mas, no novo capitalismo, é insanidade financeira poupar *moeda corrente.* Não faz sentido "estacionar" moeda corrente. No novo capitalismo, moeda corrente deve continuar se movendo. Se uma moeda dessas pára de fluir, ela se desvaloriza mais e mais. Uma *moeda corrente*, como uma corrente elétrica, precisa se mover de um ativo para outro tão rápido quanto possível. O propósito de uma moeda corrente é adquirir ativos, ativos que ou estão se apreciando em valor ou estão produzindo fluxo de caixa. Uma moeda corrente tem de se mover rapidamente para adquirir ativos reais com valor real porque ela, em si, está declinando rapidamente de valor. O preço de ativos reais como ouro, petróleo, prata, imóveis e ações se infla porque o valor da moeda corrente está declinando. Seu valor intrínseco não se modifica; apenas a quantidade de moeda corrente necessária para adquiri-los.

A lei de Gresham diz: "Quando dinheiro ruim está em circulação, o dinheiro bom se afasta." Em 1971, os Estados Unidos começaram a inundar o mundo com dinheiro ruim. Na verdade, no novo capitalismo, faz mais sentido emprestar dinheiro hoje e pagar com dólares mais baratos amanhã. O governo americano faz isso. Por que não deveríamos fazer o mesmo? O governo americano está endividado. Por que o povo americano não deveria estar? Quando você não pode mudar um sistema, a melhor forma de ser bem-sucedido é manipulá-lo.

Por causa da mudança de 1971, o preço das casas aumentava à medida que o dólar se desvalorizava. O mercado de capitais subiu porque as pessoas estavam em busca de um porto seguro para seu dinheiro. Embora economistas dêem a isso o nome de *inflação*, trata-se, na verdade, de *desvalorização.* Isso faz com que os donos de imóveis se sintam seguros porque aparentemente o preço de suas casas sobe. Na verdade, o poder de compra decresce enquanto o patrimônio líquido dos proprietários *parece* que cresce. Preços mais altos das casas e salários menores tornam impossível para as pessoas jovens a aquisição da primeira residência. Se os jovens não reconhecerem que as regras do dinheiro mudaram, ficarão em uma situação muito pior do que a de seus pais, tendo em vista que a moeda continua a se desvalorizar.

Outra mudança nas regras do dinheiro

Outra mudança nas regras do dinheiro ocorreu em 1974. Antes de 1974, a aposentadoria de um empregado estava garantida por quanto tempo ele vivesse. Como você provavelmente já sabe, isso já não é mais o caso.

Planos de pensão que pagam a um empregado pela vida inteira são chamados de *benefícios definidos*. Tais planos são, simplesmente, muito caros. Depois de 1974, um novo tipo de pensão emergiu nos Estados Unidos e se espalhou pelo mundo. São os planos conhecidos como *contribuições definidas* (CD). Dito de maneira simples, os planos CD não garantem a você uma *folha de pagamento* pelo resto da vida. Você só recebe de volta aquilo com o que você e, eventualmente, seu empregador contribuíram... *se* você e seu empregador contribuírem com alguma coisa.

O jornal *USA Today* descobriu, em uma pesquisa, que o maior medo da América hoje não é o terrorismo, mas ficar sem dinheiro na aposentadoria. Uma das razões para esse medo horripilante remonta à mudança das regras do dinheiro ocorrida em 1974. E o medo é válido. O sistema educacional no Brasil ou nos Estados Unidos não equipa seus cidadãos com o conhecimento necessário para a aposentadoria. Se as escolas ensinam alguma coisa sobre dinheiro, não passa de uma ou outra informação sobre contar moedas – o que é totalmente insuficiente para administrar os problemas financeiros que enfrentamos. Além disso, a maioria das pessoas não percebe que as regras do dinheiro mudaram e que, se elas são poupadoras, serão perdedoras. Planos de aposentadoria com fundos insuficientes serão a próxima grande crise dos Estados Unidos e de muitos outros países do mundo.

Redes de segurança governamentais?

Essa falta de segurança financeira futura nos conduz às previdências oficiais e aos sistemas públicos de saúde, que são as redes de segurança criadas para resolver os problemas financeiros das pessoas que não sabem resolver os próprios problemas financeiros. Mas, em vários lugares do mundo, ambos estão falidos ou na iminência de falir. Esse é um problema enorme que demanda inteligência financeira para ser resolvido.

Por que os ricos ficam ainda mais ricos?

Que as leis do dinheiro mudaram, que essas mudanças o tornam mais pobre e que elas estão fora de controle, tudo isso pode parecer injusto. E é! A chave para se tornar rico é reconhecer que o sistema é injusto, aprender as novas regras e usá-las a seu favor. Isso exige inteligência financeira, o que *só* pode ser alcançado na resolução de problemas financeiros.

Meu Pai Rico me disse: "Os ricos ficam cada vez mais ricos porque aprendem a resolver problemas financeiros. Os ricos vêem os problemas financeiros como oportunidades para aprender, crescer e se tornar mais argutos e ainda mais ricos. Os ricos sabem que, quanto maior o QI Financeiro, maior o problema financeiro que se pode administrar e, dessa forma, mais dinheiro eles podem fazer. Em vez de fugir, evitar ou fingir que os problemas financeiros não existem, os ricos dão as boas-vindas aos problemas porque sabem que são oportunidades para se tornar ainda mais inteligentes e competentes. É por isso que eles enriquecem ainda mais."

Como os pobres lidam com os problemas financeiros

Ao descrever os pobres, Pai Rico disse: "Os pobres vêem problemas financeiros apenas como problemas. Muitos se sentem *vítimas do dinheiro.* Muitos acham que são os *únicos* com problemas financeiros. Eles acham que, se tivessem mais dinheiro, seus problemas financeiros acabariam. Mal sabem que sua atitude em relação aos problemas com o dinheiro *é* o problema. Suas atitudes criam seus problemas financeiros. Sua inabilidade em resolvê-los ou a negação de enfrentá-los apenas prolongam seus problemas financeiros e os tornam ainda maiores. Ao invés de se tornar ricos, eles se tornam ainda mais pobres. Ao invés de aumentar o QI Financeiro, a única coisa que os pobres aumentam são seus problemas financeiros."

Como a classe média lida com os problemas financeiros

Enquanto os pobres são *vítimas* do dinheiro, a classe média é *prisioneira* dele. Ao descrever a classe média, Pai Rico disse: "A classe média resolve seus problemas de dinheiro de modo diferente. Em vez de resolver o problema financeiro, eles pensam que podem *ser mais espertos do que seus problemas financeiros*. A classe média gasta dinheiro para ir para a escola, assim eles podem conseguir um bom emprego. A maioria é esperta o suficiente para ganhar dinheiro e construir um muro de proteção, uma barreira, uma zona de conforto, entre eles e os problemas financeiros. Eles compram uma casa, compartilham carona para o trabalho, agem com cautela, sobem degrau a degrau a escada corporativa e poupam para a aposentadoria. Eles acreditam que a formação acadêmica ou a educação profissional serão suficientes para isolá-los do mundo cruel e duro do dinheiro."

"Com cerca de 50 anos", disse Pai Rico, "muitas pessoas de classe média descobrem que são prisioneiras dos próprios escritórios. Muitos são empregados de valor. Eles têm experiência. Eles ganham dinheiro suficiente e têm segurança no trabalho. Ainda assim, no fundo, eles sabem que estão em uma armadilha financeira e não têm a inteligência financeira necessária para escapar da prisão de seus escritórios. Eles esperam sobreviver alguns anos mais no trabalho, 10 ou 15, assim poderão se aposentar e começar a viver, com um orçamento mais apertado, claro".

Pai Rico disse: "A classe média pensa que pode superar os problemas financeiros se for inteligente do ponto de vista acadêmico e profissional. A maioria não tem educação financeira, e por isso a maioria tende a valorizar segurança financeira, em vez de assumir desafios financeiros. Em vez de se transformar em empreendedores, eles trabalham para empreendedores. Em vez de investir, eles entregam o dinheiro a especialistas financeiros que o administram. Em vez de aumentar seu QI Financeiro, eles se mantêm ocupados, escondidos em seus escritórios."

Como os ricos lidam com os problemas financeiros

Observando a inteligência financeira, torna-se fácil perceber que existem *cinco inteligências essenciais* que um indivíduo deve desenvolver para ficar rico. Este livro aborda essas cinco inteligências financeiras.

Este livro é sobre integridade. Quando a maioria das pessoas pensa na palavra "integridade", imagina um conceito ético. Não é isso que quero dizer quando uso essa palavra. Integridade é totalidade. De acordo com o dicionário Houaiss, "é o estado ou característica daquilo que está inteiro, que não sofreu qualquer diminuição, plenitude, inteireza, que se apresenta ileso, intacto". Uma pessoa que controla as cinco inteligências financeiras sobre as quais escrevo neste livro é alguém que atinge integridade financeira.

Quando os ricos enfrentam problemas financeiros, eles os resolvem recorrendo à integridade financeira, desenvolvida ao longo de anos encarando e resolvendo os problemas com suas cinco inteligências financeiras. Se os ricos não souberem a resposta para seus problemas financeiros, eles não jogam a toalha nem vão embora. Eles procuram experts que possam ajudá-los a resolvê-los. No processo, eles se tornam financeiramente mais inteligentes e muito mais preparados e equipados para resolver o *próximo* problema que venha a ocorrer. Os ricos não desistem. Eles aprendem. E, ao aprender, tornam-se ainda mais ricos.

Resolvendo os problemas financeiros de outras pessoas

Pai Rico também disse: "Muitas pessoas trabalham para pessoas ricas, resolvendo problemas financeiros de outras pessoas." Por exemplo, um contador vai para o trabalho a fim de registrar os fatos que têm implicação financeira para uma pessoa rica. O vendedor vende os produtos de uma pessoa rica. O gerente administra os negócios de uma pessoa rica. A secretária responde às ligações telefônicas de uma pessoa rica e trata com respeito os clientes dessa pessoa. O zelador mantém o prédio do homem rico funcionando bem. Um advogado protege o homem rico de outros advogados e processos. Um especialista em taxas e tributos protege o dinheiro do homem rico dos impostos. E o banqueiro mantém o dinheiro do homem rico protegido.

O ponto que Pai Rico queria frisar é que a maioria das pessoas trabalha para resolver os problemas financeiros de outras pessoas. Mas quem resolve os problemas financeiros dos trabalhadores? A maioria das pessoas vai para casa e encara muitos problemas – e o dinheiro é um deles. Se alguém fracassa em administrar seu problema financeiro em casa, como a dor de dente, esse problema acaba levando a uma série de outros.

Muitas pessoas pobres e da classe média trabalham para os ricos e falham em resolver os próprios problemas em casa. Em vez de olhar para os problemas financeiros como oportunidades para se tornarem mais competentes, elas vão para casa, sentam-se em seus sofás, tomam um drinque, assam uma carne e assistem à televisão. Na manhã seguinte, retornam ao trabalho, uma vez mais, para resolver os problemas de outras pessoas e fazer alguém ainda mais rico.

A solução do Pai Pobre

Meu Pai Pobre tentou resolver seus problemas financeiros indo para a escola. Ele gostava da escola, dava-se bem lá e se sentia seguro. Ele conseguiu vários diplomas, inclusive um de doutorado, tornando-se PhD. Com seus diplomas de nível superior, ele procurou um emprego que pagasse bem. Tentou superar seus problemas financeiros ao se tornar acadêmica e profissionalmente competente, mas fracassou em se tornar mais inteligente financeiramente. Ele era um homem de excelente formação e trabalhava arduamente. Infelizmente, o fato de ser bem formado e trabalhador não se mostrou suficiente para resolver seus problemas financeiros, os quais simplesmente se tornaram ainda maiores à medida que ele passava a ganhar mais, em razão de evitá-los. Meu Pai Pobre tentou resolver seus problemas financeiros com soluções acadêmicas e profissionais.

A solução do Pai Rico

Meu Pai Rico esperava pelos desafios financeiros, por isso abriu vários negócios e investiu ativamente. Muitas pessoas pensavam que ele agia assim apenas para fazer mais dinheiro. Na verdade, ele o fazia porque amava desafios financeiros. Ele procurava por problemas financeiros para resolvê-los, não apenas pelo dinheiro, mas para se tornar ainda mais competente e aumentar seu QI Financeiro. Pai Rico sempre usava o jogo de golfe como uma metáfora para explicar sua filosofia financeira. Ele dizia: "O dinheiro é minha pontuação. Meus relatórios financeiros são meu cartão de contagem. Meu dinheiro e meus relatórios financeiros me dizem o quão competente sou e quão bem estou me saindo no jogo." Ou seja, Pai Rico ficou ainda mais rico porque o jogo do dinheiro era seu jogo... e ele queria ser o melhor possível em seu jogo. À medida que envelhecia, ele se tornava cada vez melhor nisso. Seu QI Financeiro subiu muito e o dinheiro não parava de entrar.

Jogando o jogo do dinheiro

Nos capítulos seguintes, falaremos das cinco inteligências financeiras que as pessoas precisam desenvolver se quiserem aumentar o QI Financeiro e atingir a integridade financeira. Ainda que o desenvolvimento das cinco inteligências não seja fácil e possa tomar uma vida inteira para se desenvolver, a boa notícia é que poucas pessoas sabem das cinco inteligências, e menos ainda têm o ímpeto de desenvolver seus QIs Financeiros e melhorar a pontuação. Você já está mais bem equipado do que 95% da sociedade para resolver seus problemas com dinheiro, apenas por saber da existência dessas inteligências.

Pessoalmente, dedico meus dias a melhorar as cinco inteligências financeiras. Para mim, minha educação financeira nunca pára. No início, meu processo para aumentar meu QI Financeiro foi difícil e desajeitado... exatamente como meu jogo de golfe. Houve uma série de fracassos, um monte de dinheiro perdido, muita frustração e uma montanha de dúvidas.

No começo, meus colegas ganhavam mais dinheiro do que eu. Hoje, faço muito mais dinheiro do que a maioria deles. Ainda que eu realmente curta dinheiro, trabalho principalmente pelo desafio. Adoro aprender. E trabalho porque adoro o jogo do dinheiro e quero ser o melhor possível em meu jogo. Eu poderia ter me aposentado há muito tempo. Tenho dinheiro mais do que suficiente. Mas o que eu faria se me aposentasse? Jogar golfe? Golfe não é meu jogo. Golfe é o que faço para me divertir. Negócios, investimentos e fazer dinheiro são meu jogo. Adoro meu jogo. Sou apaixonado por ele. Assim, se eu me aposentasse, perderia minha paixão – e o que é a vida sem paixão?

Quem deveria jogar o jogo do dinheiro?

Será que penso que todos deveriam jogar esse jogo? *Minha resposta é, goste ou não, todo mundo já está jogando o jogo do dinheiro.* Rico ou pobre, todos nós estamos envolvidos no jogo do dinheiro. A diferença é que algumas pessoas jogam para valer, conhecem as regras e as usam em seu benefício, muito mais do que outras. Algumas pessoas são mais dedicadas, mais apaixonadas, mais compromissadas com a aprendizagem e com o sucesso. Quando se trata do jogo do dinheiro, a maioria das pessoas está jogando – se é que elas sabem que estão jogando – para não perder, em vez de jogar para ganhar.

Como todos nós estamos envolvidos com o jogo do dinheiro de alguma forma, poderíamos fazer as perguntas a seguir que, com certeza, seriam melhores:

- Você é um estudante do jogo do dinheiro?
- Você tem-se dedicado a ganhar esse jogo?
- Você tem paixão por aprender?
- Você está decidido a ser o melhor que pode ser?
- Você quer ser tão rico quanto pode ser?

Se sua resposta é sim, então continue lendo. Este livro é para você. Em caso negativo, há livros mais fáceis de ler e jogos mais fáceis de serem jogados. Pois exatamente como no jogo de golfe, há muitos profissionais do golfe, mas apenas alguns poucos profissionais *ricos* do golfe.

Resumo

Em 1971 e 1974, as regras do dinheiro mudaram. Essas mudanças causaram problemas enormes mundo afora, requerendo maior inteligência financeira para resolvê-los. Infelizmente, os governos e as escolas não estão preparados para lidar com essas mudanças ou esses problemas. Assim, os problemas financeiros hoje são monstruosos.

Muitas pessoas esperam que os governos resolvam seus problemas financeiros. Não vejo como os governos podem resolver os problemas das pessoas se, muitas vezes, não conseguem resolver os próprios problemas.

Em minha opinião, está no ombro dos próprios indivíduos a solução de seus problemas financeiros. O bom disso é que, se você resolver os próprios problemas, acabará se tornando mais competente e mais rico.

A lição para ser lembrada neste capítulo é que, pobre ou rico, todos nós temos problemas. A única maneira de ficar rico e aumentar a inteligência financeira é resolver ativamente seus problemas financeiros.

Os pobres e a classe média tendem a evitar ou fingir que não têm problemas com dinheiro. O ponto principal em relação a essa atitude é que seus problemas financeiros persistem e sua inteligência financeira evolui muito lentamente, se é que evolui.

Os ricos assumem seus problemas financeiros. Eles sabem que a solução desses problemas os torna mais competentes financeiramente e aumenta seu QI Financeiro. Os ricos sabem que é a inteligência financeira que os faz ricos no final das contas, e não o dinheiro em si.

O problema com os pobres e a classe média é que eles não têm dinheiro suficiente. Os ricos têm o problema de dinheiro demais. Ambos são problemas verdadeiros e legítimos. A questão é: qual problema você quer? Se você prefere o problema de ter muito dinheiro, continue lendo.

Capítulo 2

Os cinco QIs Financeiros

EXISTEM CINCO QIS FINANCEIROS BÁSICOS. SÃO ELES:

QI Financeiro #1: Fazer mais dinheiro

QI Financeiro #2: Proteger seu dinheiro

QI Financeiro #3: Controlar Orçamentos

QI Financeiro #4: Alavancar seu dinheiro

QI Financeiro #5: Melhorar suas informações financeiras

Inteligência Financeira versus *QI Financeiro*

A maioria de nós sabe que uma pessoa com QI de 130 é supostamente mais inteligente do que outra com um QI de 95. O mesmo paralelo pode ser traçado para o QI Financeiro. Você pode ser o equivalente a um gênio quando se trata de inteligência acadêmica, mas o equivalente a um bobalhão quando se trata de inteligência financeira.

Com freqüência, sou indagado sobre "Qual é a diferença entre inteligência financeira e QI Financeiro?". Minha resposta é: "Inteligência financeira é aquela parte da inteligência mental que usamos para resolver nossos problemas financeiros. QI Financeiro é a medida dessa inteligência. É como quantificamos nossa inteligência financeira. Por exemplo, se ganho $100 mil e pago 20% de impostos, tenho um QI Financeiro maior do que alguém que ganha $100 mil e paga 50% de impostos."

Nesse exemplo, a pessoa que consegue $80 mil depois dos impostos tem um QI Financeiro maior do que a pessoa que fica com os $50 mil líquidos. Ambos têm inteligência financeira. Mas aquele que fica com mais dinheiro tem um QI Financeiro maior.

Medindo a Inteligência Financeira

QI Financeiro #1: Fazer mais dinheiro. A maioria de nós tem inteligência financeira suficiente para fazer dinheiro. Quanto mais dinheiro você faz, maior é seu QI Financeiro #1. Em outras palavras, uma pessoa que ganha $1 milhão por ano tem um QI Financeiro proporcionalmente maior que outra que ganha $30 mil no mesmo período. E, se duas pessoas ganham $1 milhão ao ano cada e uma delas paga menos taxas e impostos do que a outra, então a primeira tem um QI Financeiro maior, porque está mais próxima de alcançar integridade financeira ao utilizar o QI Financeiro #2: proteger seu dinheiro.

Todos nós sabemos que uma pessoa pode ter um QI acadêmico alto e ser um gênio em sala de aula, mas mostrar-se incapaz de fazer muito dinheiro no mundo real. Eu diria que meu Pai Pobre, um professor fabuloso que trabalhava muito, tinha um QI acadêmico alto, mas QI Financeiro baixo. Ele se saiu muito bem no mundo acadêmico, mas não no mundo dos negócios.

QI Financeiro #2: Proteger seu dinheiro. A verdade é que todo mundo quer tomar seu dinheiro. Mas nem todos que tomam seu dinheiro são trapaceiros ou ladrões. Uns dos maiores predadores financeiros de nosso dinheiro são os impostos. O governo toma nosso dinheiro legalmente.

Se uma pessoa tiver um QI #2 baixo, ela pagará mais impostos. Um exemplo de QI Financeiro #2 é alguém que paga 20% de impostos *versus* alguém que paga 30%. A pessoa que paga menos impostos tem um QI Financeiro proporcionalmente maior.

QI Financeiro #3: Controlar o orçamento. Fazer orçamentos requer um bocado de inteligência financeira. Muitas pessoas fazem orçamentos como pessoas pobres, e não como ricas. Muitas pessoas ganham vultosas quantias de dinheiro, mas falham em mantê-las, simplesmente porque não orçam seu dinheiro com cuidado. Por exemplo, uma pessoa que ganha e gasta $70 mil por ano tem um QI Financeiro #3 menor do que outra que ganha $30 mil por ano e é capaz de viver bem com $25 mil e investir $5 mil. Ser capaz de viver bem e ainda investir, não importa quanto você ganhe, requer um alto nível de inteligência financeira. Orçar seu dinheiro em busca de um excedente – um superávit – é algo que examinaremos com mais detalhes à frente.

QI Financeiro #4: Alavancar seu dinheiro. Após conseguir uma sobra no orçamento, o próximo desafio é alavancar esse excedente financeiro. A maioria das pessoas poupa esse excedente em um banco. Milhões de pessoas não sabem o que fazer com seu dinheiro, então colocam o excedente financeiro na poupança ou aplicam em fundos, esperando que, com isso, possam alavancar seu dinheiro.

Enquanto poupança e fundos de investimentos são formas de alavancagem, existem outras formas bem melhores de alavancar seu dinheiro. Se alguém for honesto consigo, terá de admitir que poupar em cadernetas de poupança ou aplicar em fundos de investimentos não são atitudes que demandam muita inteligência financeira. Você pode treinar um macaco a poupar em cadernetas de poupança e investir em fundos. Por essa razão, o retorno desses investimentos é historicamente baixo.

O QI Financeiro #4 é medido em retorno dos investimentos. Por exemplo, uma pessoa que ganha 50% de retorno em seu investimento tem um QI Financeiro #4 maior do que outra que ganha 5%. E alguém que ganha 50% isento de impostos tem um QI Financeiro ainda maior do que outra pessoa que ganha 5% e ainda paga 30% de impostos sobre aqueles 5% de rentabilidade.

Uma questão adicional: muitas pessoas pensam que retornos maiores em investimentos requerem graus mais elevados de riscos. Isso não é verdade. Mais adiante, explicarei como obter retornos excepcionais e pagar muito pouco, se algo, em impostos, e tudo com muito pouco risco. Para mim, ter uma poupança e fundos de investimentos em um banco é muito mais arriscado do que aquilo que faço. É tudo uma questão de inteligência financeira.

QI Financeiro #5: Melhorar suas informações financeiras. Há um ditado popular que prega: "Você precisa aprender a andar antes de correr." E isso também se aplica à inteligência financeira. Antes de as pessoas aprenderem a obter retornos excepcionalmente elevados com seu dinheiro (QI Financeiro #4: Alavancar seu dinheiro), elas precisam aprender a andar; isto é, aprender os princípios básicos e os fundamentos da inteligência financeira.

Uma das razões por que tantos lutam com seu QI Financeiro #4 (Alavancar seu dinheiro) é porque elas aprendem a confiá-lo a um "profissional" de finanças, como banqueiros ou administradores de fundos de investimentos. O problema de confiar seu dinheiro a profissionais de finanças é que você deixa de aprender, falha em aumentar sua inteligência financeira e falha em se tornar o próprio financista profissional. Se outra pessoa lida com seu dinheiro e resolve seus problemas financeiros, você não tem como aumentar a própria inteligência financeira. Na verdade, você está recompensando outras pessoas pela inteligência financeira delas – com seu dinheiro!

É fácil aumentar a própria inteligência financeira se você tem uma boa base de informações nessa área. Mas, se seu QI Financeiro é fraco, então uma nova informação financeira pode mostrar-se confusa e ter aparentemente pouco valor. Você se lembra do meu exemplo, de que gênios da matemática tiveram de começar por 2 + 2? Um dos benefícios de se dedicar à própria educação financeira é que, com o tempo, você se tornará mais apto a acolher informações financeiras mais sofisticadas, como os matemáticos, que, por meio da prática, tornam-se capazes, com o tempo, de resolver equações cada vez mais complexas. No entanto, mais uma vez, você precisa aprender a andar antes de poder correr.

A maioria de nós já esteve em uma aula, uma palestra ou participou de uma conversa em que *boiou* completamente. Ou em uma sala de aula em que a informação era tão complexa que, ao tentar entender o que estava sendo dito, conseguiu somente uma bela dor de cabeça. Isso quer dizer que, ou o professor era muito ruim, ou os estudantes precisavam de um pouco mais de informação básica.

Pessoalmente, eu me saio muito bem quando o assunto é informação financeira. Depois de anos de estudo, consigo sentar em uma sala e entender a maioria dos conceitos financeiros. Mas, quando o assunto é tecnologia, sou um "*technosaurus rex*". Sou um verdadeiro dinossauro. Mal consigo usar um celular ou ligar um computador. Quase tudo que tem a ver com tecnologia *entra por um ouvido e sai pelo outro.* Quando se trata de QI tecnológico, o meu é do nível mais baixo. O fato é que todos nós temos de começar de algum lugar. Se eu tentasse assistir a uma aula de design de Websites, estaria enfrentando um problema sério. Você precisa aprender a ligar um computador antes de poder tentar criar um Website! O nível básico de informação necessária para se dar bem nessa aula estaria muito acima de minha capacidade.

Neste livro, meu trabalho consiste em tornar a informação financeira o mais simples possível. Meu trabalho é promover o entendimento financeiro de estratégias financeiras complexas. Minha promessa, aqui, é que só escreverei sobre atividades que já pratiquei ou estou praticando atualmente. Como você sabe, existem muitos professores e autores que dizem o que você deveria estar fazendo, mas não fazem o que estão dizendo. Muitos profissionais de finanças e professores não sabem se o que dizem e escrevem funciona de verdade.

Por exemplo, muitos profissionais de finanças aconselham a poupar dinheiro e investir em uma carteira diversificada de fundos. O problema desse conselho é que eles não podem garantir se isso vai funcionar ao longo do tempo. Soa bem. É simples de pôr em prática, dado que não demanda muita inteligência financeira seguir esse conselho. Minha pergunta é: "Esse conselho vai funcionar?" O consultor financeiro vai garantir a você que essa estratégia é financeiramente segura? E se a inflação subir muito e acabar com sua poupança? E se o mercado de ações quebrar, como já aconteceu em 1929? Um fundo de investimentos bem diversificado sobreviverá a um pânico no mercado de ações? E se o governo não conseguir pagar os custos da previdência de seus idosos?

Estremeço quando ouço os profissionais de finanças dizendo: "Guarde dinheiro e invista numa carteira de investimentos bem diversificada." Eu gostaria de perguntar a esse profissional: "Você garante que essa estratégia financeira funciona? Você garante que essa estratégia financeira vai me deixar – e à minha família – financeiramente seguro pelo resto da vida?" Se ele for honesto, terá de responder: "Não. Não posso garantir que o que aconselho você a fazer com seu dinheiro o deixará financeiramente seguro."

Também não posso garantir que o que eu recomendar deixará você e sua família, no futuro, financeiramente seguros. Simplesmente porque existem muitas mudanças e surpresas pela frente. O mundo está mudando muito rapidamente. As regras mudaram e continuam mudando. A expansão da tecnologia está transformando nações pobres em poderios econômicos e financeiros, gerando um número crescente tanto de pessoas ricas quanto de pessoas pobres, além de aumentar também os problemas e as oportunidades financeiras.

A razão pela qual escrevo, crio produtos financeiros e enfatizo as cinco inteligências financeiras é porque acredito que os Estados Unidos e o mundo estão caminhando para uma mudança econômica drástica, como nunca vista. Há muitos problemas financeiros que não foram resolvidos. Em vez de usar inteligência financeira para resolvê-los, jogamos dinheiro artificial neles. Usar velhas soluções para resolver problemas novos acaba criando problemas novos e ainda maiores. É por isso que acredito que as cinco inteligências financeiras são importantes. Se você desenvolver essas cinco inteligências financeiras, então terá uma chance maior de se sair bem em um mundo de mudanças rápidas. Você estará mais capacitado a resolver os próprios problemas e aumentar sua inteligência financeira.

Praticando o que prego

Quero assegurar a você que só escrevo sobre o que faço ou tenha feito. É por isso que muito deste livro é escrito em forma de história, mais do que na forma de teoria financeira. Isso não significa que eu recomende que você faça exatamente o que faço, nem que o que faço funcionará para você. Simplesmente quero compartilhar com você minhas experiências, uma jornada de resoluções de problemas financeiros que continuam até hoje. Divido com você o que aprendi com o intuito de que isso ajude a aumentar seu próprio QI Financeiro #5: Melhorar suas informações financeiras.

Sei também que não tenho todas as respostas. Não sei se poderia sobreviver a um desastre financeiro maciço. O que sei se resume ao seguinte: sejam quais forem os problemas e os desafios que o futuro nos reserva, eu os encararei como oportunidades para me tornar mais competente em finanças e aumentar meu QI Financeiro. Ao invés de sentir pânico, acredito que eu possa me ajustar e prosperar por causa da minha inteligência financeira. Desejo o mesmo a você; por isso criei minha empresa, a Rich Dad Company, seus produtos e programas. Não se trata de ter as *respostas* financeiras certas; é sobre ter as *habilidades* financeiras corretas. Como disse meu Pai Rico: "*Respostas* tratam do passado, e não das *habilidades* do futuro."

Temos outros QIs

Todos nós somos diferentes. Temos diferentes interesses e desagrados. Temos forças e fraquezas diferenciadas. Temos talentos e capacidades diferentes.

Digo isso porque não acho que a inteligência financeira seja a mais importante das inteligências, ou a única. A inteligência financeira é simplesmente uma inteligência que todos nós precisamos ter, eis que vivemos em um mundo de dinheiro – ou, para ser mais exato, de moeda corrente. Como diria meu Pai Rico: "Pobre ou rico, inteligente ou não, todos nós usamos dinheiro."

Existem muitos outros tipos de inteligência, como a inteligência médica, por exemplo. Cada vez que vou ao consultório de meu médico, sinto-me agradecido pelos anos de vida que ele dedicou para desenvolver sua inteligência e talentos. Também fico feliz em ter dinheiro suficiente e seguro de saúde para pagar por qualquer desafio médico que precise enfrentar. Em relação a isso, Pai Rico dizia: "O dinheiro não é a coisa mais importante do mundo, mas o afeta todas as coisas que são importantes." Quando você pensa a esse respeito, percebe que o dinheiro afeta padrão de vida, saúde e educação. Os estudos mostram que as pessoas pobres têm menos saúde, menos educação e uma longevidade menor.

Antes de seguirmos com o desenvolvimento de nossas cinco inteligências financeiras, *quero deixar claro que não acho que a inteligência financeira seja a mais importante das inteligências.* O dinheiro não é a coisa mais importante da vida. Ainda assim, quando você pára e pensa a esse respeito, vê que a inteligência financeira afeta, sim, muitas coisas que são importantes em sua vida.

Outros tipos de inteligência

Hoje, existem algumas inteligências diferentes que necessitamos ter para sobreviver e brilhar em sociedade. Três inteligências importantes são:

1. Inteligência acadêmica. Inteligência acadêmica é nossa habilidade de ler, escrever, entender matemática e o funcionamento dos computadores. Essa inteligência é muito importante. Usamos essa inteligência para resolver problemas como saber quando e onde um furacão vai atacar e quais tipos de prejuízos podem ser esperados.

2. Inteligência profissional. Essa é a inteligência que usamos para adquirir certa competência e ganhar dinheiro. Por exemplo, um médico despende anos desenvolvendo uma inteligência que é muito importante. A competência de um médico proporciona ganhos financeiros substanciais e resolve os problemas de muita gente.

Em termos simples, inteligência profissional é aquela que você usa para resolver os problemas de outras pessoas e pela qual as pessoas estão dispostas a pagar em busca de soluções. Fico muito feliz em pagar ao mecânico que conserta meu carro. Também fico feliz em pagar minha empregada doméstica. Ela resolve muitos problemas para mim e para minha esposa, sendo muito importante em nossa vida.

Tenho pessoas diferentes para administrar aspectos diferentes de meus negócios. Esses indivíduos costumam ter elevada habilidade pessoal, assim como grande competência técnica. Essas pessoas e suas habilidades variadas são essenciais para meus negócios. Uma lição importante do Pai Rico foi que negócios diferentes requerem inteligências técnicas diferentes. Por exemplo, na Rich Dad Company, preciso de pessoas com excelente competência técnica e habilidades de público. Em meus negócios imobiliários, preciso de pessoas com competência técnica nas áreas hidráulica e elétrica.

3. Inteligência de saúde. *Saúde e Riqueza estão relacionadas.* Cuidados médicos e, conseqüentemente, a saúde estão se tornando rapidamente o maior problema que o mundo atual está enfrentando. Se os problemas com a previdência social são grandes, com a saúde pública são muito maiores. Como você sabe, há muita gente enriquecendo ao fazer outras pessoas ficarem doentes. A indústria de alimentação, refrigerantes, cigarros, álcool e remédios são uns poucos exemplos. E os custos desses problemas de saúde são repassados para você e para mim por meio dos impostos.

Há poucos meses, fui ao clube *Boys and Girls* para dar assistência em um programa de educação financeira. Foi uma experiência reveladora. Ao falar com o dentista do clube, descobri que dor de dente é a principal razão pela qual as crianças perdem aula. As causas das dores são os refrigerantes açucarados e a falta de dentistas. Isso leva a uma saúde precária e obesidade, fatores que podem aumentar a possibilidade de trazer à tona a diabetes. Pessoalmente, acho trágico que os Estados Unidos gastem bilhões em uma guerra e não ofereça educação na área de saúde nem cuidados médicos às suas crianças.

Minha opinião é que precisamos de diferentes tipos de educação e inteligências para nos dar bem nesse admirável mundo novo em que vivemos. Ainda que eu não ache que a inteligência financeira seja a mais importante delas, ela realmente afeta tudo que *é* importante.

Nem todos precisam de Inteligência Financeira

Se você teve sorte suficiente para herdar uma fortuna, não precisa de muita inteligência financeira – contanto que contrate pessoas que a tenham. Se seu plano de vida é casar-se por dinheiro, mais uma vez, você não precisa de inteligência financeira. Ou se você nasceu com um talento especial e, ainda bem jovem, o mundo o enche de dinheiro, então você não precisa de muita inteligência financeira – a não ser que você seja o MC Hammer.

Você também não precisa de muita inteligência financeira se seu plano é trabalhar para o governo e receber uma pensão pelo resto da vida, ou se você trabalha para alguma empresa antiga, daquelas que ainda pagam um plano de pensão com benefícios definidos que garantirá salário e planos de saúde pelo resto da vida.

Se você é como a maioria das pessoas, precisará de alguma inteligência financeira para sobreviver no mundo de hoje, se seu plano é viver com a previdência e a saúde social. Na verdade, você precisará de muita inteligência financeira se seu plano é viver com essa pequena soma de dinheiro.

Quem precisa mais de QI Financeiro?

Quando examinamos o Quadrante do Fluxo de Caixa – o Quadrante *Cashflow* – a seguir, torna-se mais fácil entender quem precisa mais de QI Financeiro.

Para aqueles que não leram o segundo livro da Série Pai Rico, *Independência Financeira*, vou explicar em poucas linhas. O Quadrante *Cashflow* é sobre quatro grupos diferentes de pessoas que compõem o mundo do dinheiro:

E representa os empregados
A representa os autônomos
D representa os donos de negócios
I representa os investidores

As pessoas cujas carreiras estão no quadrante E podem pensar que não necessitam de muita inteligência financeira. O mesmo é verdade para quem está no quadrante A.

Meu Pai Pobre, como um professor do quadrante E durante toda a sua vida, não deu muito valor à inteligência financeira. Isto é, até que perdeu seu emprego e entrou para o mundo dos negócios. Em menos de um ano, suas poupanças e investimentos para a aposentadoria desapareceram. Se não fosse pela previdência e assistência social, ele teria entrado em sérios problemas financeiros.

Minha mãe, em razão de sua condição de enfermeira, queria que eu fosse médico. Ela sabia que eu queria ser rico, e as pessoas mais ricas que ela conhecia eram médicos. Ela queria que eu pegasse minha fatia no quadrante A. Obviamente esses eram outros dias, aqueles em que, nos Estados Unidos, os médicos não tinham de pagar valores exorbitantes de seguro contra práticas malsucedidas ou erros. De novo, como uma enfermeira, ela não via muita necessidade de educação financeira. Sua solução para mim era conseguir um emprego que pagasse bem. Como você sabe, há muita gente com salários altos que não têm dinheiro algum.

Se você quer ser um empreendedor que constrói um negócio do quadrante D ou um investidor do quadrante I, então inteligência financeira é tudo. Para aqueles que estão nos quadrantes D ou I, quanto maior for sua inteligência financeira, maior será sua renda.

Pai Rico me disse: "Você pode ser um médico de sucesso e, ainda assim, ser pobre; você pode ser um professor de sucesso e, ainda assim, ser pobre. Mas você não pode ser um empresário ou investidor de sucesso e ser pobre. Sucesso nos quadrantes D e I é medido em dinheiro. Por isso, nesses casos, a inteligência financeira é tão importante."

Resumo

Após 1971, o dólar se tornou moeda corrente. Em 1974, as empresas deixaram de pagar a seus funcionários um salário pela vida toda. Como resultado dessas duas mudanças, a inteligência financeira se tornou mais importante do que nunca. Enquanto esse tipo de inteligência é importante para todos, é ainda mais importante para certas pessoas, especialmente para aquelas que planejam atuar nos quadrantes D e I.

Uma das razões pelas quais o sistema educacional não ensina a seus alunos sobre dinheiro é porque a maioria dos professores opera no quadrante E; assim, as escolas preparam as pessoas para os quadrantes E e A. Se você planeja operar dentro dos quadrantes D e I, então as cinco inteligências são essenciais e você não irá aprendê-las na escola.

Em suma, os cinco QIs Financeiros são:

1. QI Financeiro #1: Fazer mais dinheiro
2. QI Financeiro #2: Proteger seu dinheiro
3. QI Financeiro #3: Controlar o orçamento
4. QI Financeiro #4: Alavancar seu dinheiro
5. QI Financeiro #5: Melhorar suas informações financeiras

Inteligência financeira é a inteligência que usamos para resolver nossos problemas financeiros específicos e o QI Financeiro mede ou quantifica nossos resultados.

E, agora, vamos ao QI Financeiro #1: Fazer mais dinheiro.

Capítulo 3

QI Financeiro #1: Fazer mais dinheiro

Após quatro anos na Academia da Marinha Mercante de Kings Point, em Nova York, nos Estados Unidos, eu me graduei em 1969 e consegui meu primeiro emprego na Standard Oil da Califórnia para navegar em seus petroleiros. Eu era o terceiro imediato em viagens entre Califórnia, Havaí, Alaska e Taiti. Era um excelente emprego em uma grande empresa. Eu trabalhava apenas sete meses e tinha cinco meses de folga para ver o mundo. O salário era muito bom, cerca de $47 mil por ano – o equivalente a $140 mil hoje.

Um salário de $47 mil era considerado um monte de dinheiro para um jovem recém-saído da universidade em 1969. E ainda é. Mesmo comparado com alguns de meus colegas, meu salário era baixo. Eu tinha colegas de turma que estavam começando a carreira com algo entre $70 mil e $150 mil ao ano como terceiros imediatos. Hoje, isso equivaleria a algo entre $250 mil e $500 mil ao ano, de salário inicial, valor nada desprezível para jovens de 22 anos recém-saídos da escola.

A razão de meu salário ser mais baixo era porque a Standard Oil era uma empresa de navegação sem representação sindical. Meus colegas com salários maiores trabalhavam com salários sindicalizados.

Após apenas quatro meses como terceiro imediato, desisti de meu alto salário com a Standard Oil e me juntei à Marinha Americana para lutar na Guerra do Vietnã. Senti-me obrigado a servir meu país. Na época, muitos de meus amigos estavam fazendo o possível para evitar o alistamento. Muitos foram fazer pós-graduação; um deles fugiu e se escondeu no Canadá. Outros tiveram doenças estranhas, na esperança de serem classificados como 4-F, que significava ser incapaz de fazer parte do contingente por questões médicas.

Eu estava livre da convocação porque trabalhava em uma indústria classificada como vital. Como o petróleo é essencial em momentos de guerra e eu trabalhava para uma indústria petrolífera, o pessoal do alistamento militar não podia colocar as mãos em mim. Eu não precisava evitar a guerra, como estavam fazendo meus amigos. Muitos deles ficaram surpresos quando me voluntariei para servir. Eu não tinha de ir; eu quis ir.

Para mim, ir à guerra e lutar não era a parte mais difícil da minha decisão. Eu já estivera no Vietnã em 1966, como estudante de operações de carga na Cam Ranh Bay. Sob meu ingênuo ponto de vista, a guerra, na verdade, parecia bastante excitante. Não me preocupei com o fato de lutar, matar e possivelmente morrer.

A parte mais difícil da decisão foi o corte de salário que eu sofreria. O pagamento anual de um segundo-tenente da Marinha era $2.400. Na Standard Oil, eu recebia isso por duas semanas de trabalho. Além disso, quando você avalia que eu trabalhava apenas sete meses do ano e tinha cinco meses de férias, eu estava abrindo mão de muitas vantagens. Eu ganhava $7 mil ao mês, por sete meses, e depois tirava cinco meses de férias sem remuneração, sem o receio de ser despedido por não trabalhar. Não era um negócio ruim. Muitas pessoas aceitariam esse tipo de acordo nos dias de hoje sem hesitar.

Por ser uma companhia patriótica, a Standard Oil mostrou-se muito compreensiva quando informei que estava saindo para servir meu país. Eles disseram que eu poderia ter meu emprego de volta – se eu voltasse vivo. Meu tempo de serviços prestados na guerra também contaria para minha senioridade na empresa.

Até hoje lembro de sair do escritório deles em São Francisco, na Rua do Mercado, com uma terrível sensação na boca do estômago. Eu me perguntava: "O que você está fazendo? Está louco? Você não tem de ir. Você não tem de lutar. Você está livre da convocação. Após quatro anos de escola, você está finalmente ganhando bem." Com a idéia de passar de $4 mil por mês para apenas $200 martelando em minha cabeça, quase pedi o emprego de volta.

Dando uma última olhada para o prédio da Standard Oil, fui até a Praça Ghirardelli, para gastar dinheiro como um homem rico em meu bar favorito, o Buena Vista. Percebendo que eu agora estaria ganhando $200 por mês como marinheiro, sabia que aquela poderia ser minha última chance de me sentir e de gastar como um homem rico. Eu tinha um monte de dinheiro no bolso e queria aproveitá-lo.

A primeira coisa que fiz foi comprar uma rodada completa de drinques no bar. Isso manteria a festa animada. Logo encontrei uma bela jovem, evidentemente atraída pelo dinheiro que transbordava da minha carteira. Nós dois deixamos o bar e saímos para jantar e beber. Rimos, gritamos e nos divertimos muito. Na minha cabeça, tratava-se realmente de comer, beber e se divertir, porque no dia seguinte eu poderia estar morto.

No final da noite, a bela jovem apertou minha mão, me deu um beijo na face e foi embora em um táxi. Eu queria mais, mas ela queria apenas meu dinheiro. Na manhã seguinte, dirigi de São Francisco até Pensacola, onde teria início meu treinamento de vôo. Eu me apresentei à escola de vôo em outubro de 1969. Duas semanas mais tarde, quase morri quando vi o que era uma folha de pagamento de $200, depois dos impostos.

Cinco anos mais tarde, após um ano no Vietnã, fui dispensado da Marinha, com honras. Meu primeiro desafio imediato foi o QI Financeiro #1: Fazer mais dinheiro. Eu tinha 27 anos e duas grandes profissões: uma como oficial de navio e a segunda como piloto.

Por um momento, considerei voltar à Standard Oil e pedir meu emprego de volta. Eu gostava daquela empresa e gostava da cidade de São Francisco. Eu também gostava dos salários que eles pagavam. E, no meu caso, começaria com $60 mil ao ano, dado que a Standard Oil contaria meu tempo na Marinha a favor de minha antiguidade na empresa.

Minha segunda opção seria tentar conseguir um emprego de piloto em uma companhia aérea. A maioria dos meus colegas pilotos da Marinha estava recebendo ofertas muito boas de companhias aéreas para começar com cerca de $32 mil por ano. Ainda que o pagamento não fosse tão bom quanto o da Standard Oil, ser piloto de uma empresa de aviação comercial era bastante atraente para mim. Além disso, qualquer coisa que a empresa aérea me pagasse teria sido melhor do que os $985 por mês que eu estava recebendo da Marinha, e isso após cinco anos de serviços prestados.

Entretanto, em vez de retornar para a Standard Oil ou voar para companhias aéreas, assumi uma posição na Xerox, no centro de Honolulu. Meu salário inicial era de $720 por mês. Mais uma vez, aceitei uma redução salarial. Meus amigos e minha família achavam que a guerra havia me enlouquecido.

Você pode perguntar por que eu aceitaria um emprego de apenas $720 por mês, em uma cidade tão cara como Honolulu. A resposta se encontra no tema deste livro: aumentar meu QI Financeiro. Aceitei o trabalho da Xerox não pelo pagamento, mas para aumentar minha inteligência financeira – especialmente a inteligência financeira #1: Fazer mais dinheiro. Decidi que a melhor forma de fazer mais dinheiro consistia em ser um *empreendedor*, não um piloto comercial ou o oficial de um navio. Eu sabia que, se me tornasse um empresário, eu precisaria saber vender. Havia apenas um problema: eu era terrivelmente tímido e tinha medo de ser rejeitado.

Meus problemas eram timidez e falta de experiência em vendas. A Xerox estava oferecendo treinamento profissional em vendas. Eles tinham o problema de precisar de vendedores. Eu estava querendo me tornar um vendedor. Então, tratava-se de um excelente acordo. Nós dois resolvemos os problemas um do outro. Logo após eu ser contratado, a companhia me enviou para o local de treinamento, que ficava em Leesburg, na Virgínia.

Os quatro anos que passei trabalhando para a Xerox, de 1974 a 1980, foram bem difíceis. Nos dois primeiros anos, por diversas vezes, quase fui demitido porque não conseguia vender. Não apenas eu não conseguia vender e corria o risco de perder meu emprego, mas também não estava fazendo dinheiro algum. Mas eu tinha o objetivo de me tornar o melhor vendedor da filial de Honolulu e, então, encarei meus desafios com determinação.

Depois dos primeiros dois anos, o treinamento de vendas e a experiência de rua começaram a surtir efeito e, finalmente, me tornei o vendedor número 1 de Honolulu. Resolvi meu problema com a timidez e com o ódio da rejeição e aprendi a vender. E melhor ainda: eu estava fazendo muito mais dinheiro do que faria como oficial de navio ou piloto comercial. Se eu tivesse, simplesmente, me estabelecido em um desses empregos depois da guerra, nunca teria superado meu medo da rejeição e minha timidez, e nunca teria colhido os frutos de encarar e vencer esses desafios. Extraí uma lição valiosa de minha experiência na Xerox: solucionar problemas é o caminho para a riqueza.

Uma vez que atingi meu objetivo e me tornei o primeiro em vendas, pedi demissão para encarar meu próximo desafio – ser empreendedor. Qualquer pessoa que tenha construído um negócio próprio sabe que o primeiro problema é, mais uma vez, QI Financeiro #1: Fazer mais dinheiro. Dado que naquele momento eu não tinha dinheiro algum entrando, tinha de resolver o QI Financeiro #1 rapidamente.

Empreendedor rico

Em *Empreendedor Rico*, escrevi sobre o processo de construção de meu primeiro grande negócio, que lançou a primeira carteira de surfista feita em nylon e velcro. Nesse livro, escrevi sobre os oito componentes que fazem o sucesso de qualquer empreendimento e mostrei como não reunir esses oito componentes é a razão para muitos negócios falharem em se manter lucrativos. Acredito que é uma obra muito importante para qualquer um que queira ser empresário e começar o próprio negócio. É importante lê-la antes de se demitir do seu emprego.

No livro, escrevi sobre como meu negócio se tornou um sucesso imenso em cerca de um ano, fazendo de mim um milionário e, em seguida, de repente, fracassou. Descrevo os sentimentos de depressão e perda e o forte desejo de fugir e me esconder depois do colapso da minha empresa. Eu estava afundado em dívidas e enfrentando o maior problema financeiro da minha vida até aquele momento.

Pai Rico, no entanto, me encorajou a enfrentar meus problemas e reconstruir meu negócio, ao invés de fugir e declarar falência. Ele me lembrou que resolver esse problema complicado aumentaria minha inteligência financeira. Foi um dos melhores conselhos que eu já recebera até então. Ainda que doloroso, o processo de enfrentamento e de reconstrução do negócio foi o melhor treinamento que eu poderia ter desejado. Precisei de anos para resolver o problema e reconstruir a empresa, mas o processo aumentou meus QIs Financeiros de #1 até o #5 e fez de mim um empreendedor financeiramente mais competente.

Reconstruir os destroços de minha própria empresa *foi* a melhor escola de negócios que eu poderia desejar. A primeira coisa que tive de fazer foi juntar as oito partes da empresa, o triângulo D-I. A segunda foi redefinir a questão negocial para encontrar um nicho competitivo. Veja, em 1981, o ano em que estava reconstruindo minha empresa, o mercado estava inundado de outros fabricantes de carteiras de nylon, oriundas de países como Coréia, Taiwan e Indonésia. O preço das carteiras, que eu havia estabelecido em $10, caiu para $1 nas ruas de Waikiki e no resto do mundo. As carteiras de nylon haviam se tornado commodity, e o mercado dessas mercadorias vai para quem produz pelo preço mais baixo. Para competir no mercado de commodities, eu precisava de um nicho. Eu precisava me tornar uma marca. Essa oportunidade veio na forma de rock-and-roll.

Como descrevi em *Empreendedor Rico*, *tropecei* sem querer no negócio do rock-and-roll, e salvei meu próprio negócio ao adquirir os direitos de utilizar o nome das bandas de rock em minhas carteiras. Logo eu estava produzindo carteiras do Van Halen, Judas Priest, Duran Duran, Iron Maiden, Boy George, entre outros. Como eu era legalmente licenciado, pude elevar meu preço novamente para $10 a unidade. Embora eu tivesse de pagar royalties para as bandas, ter um produto legalmente licenciado abriu as portas para os varejistas dos Estados Unidos e do mundo. Meu negócio explodiu e o dinheiro voltou a entrar aos borbotões.

Como eu disse, a forma de aumentar a inteligência financeira é resolver os problemas que estão à sua frente. Em 1981, resolvi o problema de reconstruir minha empresa. Então, surgiu outro problema: lidar com o baixo preço dos meus competidores e com os imitadores, que pegaram meu produto e fizeram dinheiro, enquanto eu perdia.

Mais problemas surgiram na forma de pirataria. As mesmas pessoas que copiaram meu primeiro produto, a carteira original de nylon, estavam agora copiando meu nicho competitivo. Elas começaram a produzir os mesmos produtos licenciados que eu produzia, vendendo a um preço muito abaixo, apenas por não pagarem os royalties das bandas.

Após alguns meses combatendo os piratas, percebi que as únicas pessoas que estavam enriquecendo com isso eram meus advogados, que me cobravam para brigar em tribunais, sem nunca conseguir vencer. Os piratas eram mais espertos e rápidos do que meus advogados. Tudo que meus advogados me diziam era que precisavam de mais dinheiro para continuar a luta. Não levou muito tempo para eu perceber que estava pagando a outro grupo de piratas, e esses piratas (os advogados) deveriam, supostamente, estar do meu lado. Eu estava aprendendo outra lição valiosa de business e dinheiro, que será abordada no próximo capítulo – QI Financeiro #2: Proteger seu dinheiro.

Há um ditado que diz: "Se você não pode com eles, junte-se a eles." Cansado do *sangramento* financeiro de uma batalha perdida, despedi meus advogados e voei para Coréia, Taiwan e Indonésia a fim de juntar forças com os piratas. Em vez de lutar contra eles judicialmente, o que estava me custando muito mais do que eu conseguia fazer, licenciei meus competidores para produzir carteiras para mim. Meu custo de produção caiu, as despesas com meus advogados também e eu tinha fábricas melhores produzindo para mim. Eu poderia, então, fazer aquilo que sabia fazer melhor – vender. Os negócios estouraram de novo. Logo meus produtos estavam nas lojas de departamentos e nos concertos de rock. Em 1982, uma nova rede de televisão foi ao ar, a MTV. Nossos negócios explodiram e, mais uma vez, o dinheiro jorrou.

Em janeiro de 1984, vendi minha parte das carteiras de nylon de rock-and-roll para meus dois sócios. Minha mulher, Kim, e eu nos mudamos para a Califórnia, a fim de iniciar nossa empresa de educação. Eu não tinha a menor idéia de que havia tamanha diferença entre vender um produto qualquer e vender "educação". O ano de 1985 foi o pior de nossa vida. Nossa poupança desapareceu e, logo, o problema de não ter dinheiro suficiente transformou-se em algo imenso. Eu já havia quebrado antes, mas a Kim não. O fato de ela ter ficado comigo atesta seu caráter – não foi por causa da minha beleza. Ainda assim, trabalhamos juntos e construímos um negócio internacional que ensinava empreendedorismo e investimentos, com escritórios nos Estados Unidos, Austrália, Nova Zelândia, Cingapura e Canadá. Em 1994, Kim e eu vendemos nossa empresa e nos aposentamos com uma receita passiva de nossos negócios imobiliários suficiente para nos sustentar pelo resto da vida.

Mas... ficamos entediados. Após nossa breve aposentadoria, Kim e eu produzimos nosso jogo *Cashflow* em 1996 e *Pai Rico Pai Pobre* foi uma produção independente em 1997. Em meados de 2000, estive por uma hora no programa da Oprah Winfrey e o resto é história. Hoje, a The Rich Dad Company é um negócio internacional. Boa parte desse sucesso se deve a duas lições aprendidas nos fracassos e sucessos de meus negócios anteriores. Se eu não tivesse aprendido com a resolução de meus problemas, nunca teria chegado até aqui. Se eu tivesse jogado a toalha e deixado as circunstâncias me engolirem, você não estaria lendo este livro agora.

Cada objetivo tem seu processo

Como sabemos, cada objetivo que vale a pena tem uma tramitação e dá trabalho. Por exemplo, para se formar em medicina, é preciso passar por um processo rigoroso de educação e treinamento. Muitas pessoas sonham em abraçar essa carreira, mas o processo atrapalha. Nas páginas anteriores, você leu sobre meu processo e, pode crer, representou trabalho duro.

Uma das razões pelas quais as pessoas não têm o QI Financeiro #1 – Fazer mais dinheiro – é porque elas *querem o dinheiro, mas não querem o processo.* O que muitas pessoas não percebem é que é o processo que as torna ricas, e não o dinheiro. Uma das razões para muitos ganhadores de loteria ou jovens que herdam fortunas logo quebrarem é porque eles recebem o dinheiro, mas não tiveram de passar pelo *processo.* Muitas pessoas falham em se tornar ricas porque valorizam muito mais uma folha de pagamento ininterrupta do que o processo de aprendizado em si, a fim de se tornar financeiramente mais inteligentes e, conseqüentemente, mais ricas. Elas sentem-se acuadas pelo medo de ser pobre. É esse mesmo medo que as impede de agarrar as chances e solucionar os problemas necessários para se tornar ricas.

Somos todos diferentes

Somos todos diferentes e temos forças e fraquezas diferentes. Todos passamos por processos, desafios e problemas diferentes. Algumas pessoas são vendedoras natas. Eu não era. Meu primeiro problema foi minha inabilidade de superar meu medo de vender e o terror de ser rejeitado. Algumas pessoas são empresárias natas. Eu não era. Tive de aprender como ser um homem de negócios.

Escrevo isso porque *não* estou dizendo que você tenha de aprender a vender ou que precise aprender o que é ser um empresário. Esse foi o meu processo. Pode não ser o seu. O primeiro passo para aumentar seu QI Financeiro #1 – Fazer mais dinheiro – é decidir o que funciona melhor para você fazer mais dinheiro. Se quer tornar-se médico, prepare-se para a escola de medicina. Se quer se tornar um profissional do golfe, comece a treinar. Em outras palavras, escolha seu objetivo e, em seguida, escolha o processo. Lembre-se sempre de que o processo é ainda mais importante do que o objetivo.

Inteligência Emocional

A essa altura, é importante assinalar que a inteligência financeira é também inteligência emocional. Warren Buffett, o investidor mais rico do mundo, disse: "Se você não pode controlar suas emoções, não pode controlar seu dinheiro. O mesmo é verdade para o processo." Uma das partes mais difíceis de meu processo foi não desistir quando eu estava muito deprimido; não perder a calma quando eu estava frustrado e continuar a estudar quando eu queria fugir.

Outra razão pela qual muitas pessoas falham em seu processo é que não podem viver sem gratificação instantânea. A principal razão de eu mencionar o baixo salário que eu recebia no início da minha vida foi para ilustrar a importância de adiar a gratificação. Muitos sacrificarão um amanhã de riquezas por alguns trocados hoje. Não fiz muito dinheiro quando tinha 20 ou 30 anos, mas hoje faço milhões.

Controlar os altos e baixos de minhas emoções e adiar as gratificações de curto prazo foram atitudes essenciais para desenvolver minha inteligência financeira. Em outras palavras, inteligência emocional é essencial para inteligência financeira. Na verdade, eu diria que, quando se trata de dinheiro, a inteligência emocional é a inteligência mais importante de todas. É mais importante do que a inteligência profissional ou acadêmica. Muitas pessoas falham em perseguir seus sonhos por causa do medo, por exemplo. Começam, mas desistem quando falham e então elas culpam os outros, quando deveriam estar assumindo a responsabilidade por seus erros.

Quem desiste diante de pequenas dificuldades nunca vence

Muitos anos atrás havia um jovem que trabalhava comigo. Ele era brilhante, charmoso, tinha um MBA e fizera muito dinheiro até então. Ele e a esposa fizeram várias tentativas de negócios em seu tempo livre. Eles tentaram o mercado imobiliário e falharam. Compraram para ela uma pequena *franchise* e não deu certo. Então compraram um abrigo para idosos e quase perderam tudo quando seus clientes morreram inesperadamente. Hoje, ambos voltaram para seus empregos de altos salários, mas continuam com um forte sentimento de inadequação.

A razão pela qual cito esse jovem casal é porque eles falharam em aprender. Eles deixaram o processo derrotá-los. Quando as coisas ficaram pesadas, eles desistiram. Ainda que seja louvável o fato de eles terem tentado novos empreendimentos, eles paravam quando os problemas pareciam grandes demais para serem solucionados. Eles falharam em compreender seus fracassos e aprender com os erros. Falharam em perceber que o *processo*, não o dinheiro, os enriqueceria.

Uma das mais duras lições que tive de aprender com meu Pai Rico foi que eu deveria agarrar-me ao processo até vencer. Quando tive problemas na Xerox porque não conseguia vender, quis desistir. Como eu não conseguia vender, eu não estava fazendo dinheiro. Na verdade, eu pagava mais para viver em Honolulu do que o dinheiro que ganhava. Pai Rico disse: "Você pode desistir quando ganhar, mas nunca desista enquanto estiver perdendo." Até 1978, ano em que me tornei o melhor vendedor da Xerox, não desisti. O processo me tornou mais rico – mental e financeiramente. Ao superar meu problema de não ser capaz de vender, fui capaz de suplantar meus problemas de não conseguir fazer dinheiro.

Ainda trabalhando para a Xerox, comecei, no tempo livre, meu negócio de carteiras de nylon. Em 1978, eu me dediquei em tempo integral a meu negócio, que deslanchou, para, em seguida, falir. De novo, eu quis desistir e de novo meu Pai Rico me lembrou que o *processo* é mais importante do que o *objetivo*. Muitas vezes ele me lembrou, enquanto eu estava atolado em dívidas e com pouco dinheiro, que, se – e quando – eu resolvesse esse problema, nunca mais precisaria de dinheiro de novo.

Eu saberia como construir um negócio e seria um pouco mais inteligente financeiramente. Mas primeiro eu teria de resolver o problema que estava ali na minha frente.

Muito dinheiro

No começo deste livro, escrevi que há dois tipos de problemas financeiros. Um problema é não ter dinheiro; o segundo é ter dinheiro demais. Em 1974, quando saí da Marinha, tive de resolver qual problema eu queria. Se quisesse ter o problema de não ter dinheiro suficiente, eu aceitaria o emprego da Standard Oil ou o emprego das companhias aéreas. Se eu quisesse ter o problema de ter muito dinheiro, pegaria o emprego na Xerox, mesmo com um salário inicial menor. Como você sabe, escolhi o problema de ter muito dinheiro.

Eu queria aprendizado – e não apenas dinheiro. Escolhi a Xerox porque eu sabia que podia ser um marinheiro ou um piloto. O que eu não sabia é se poderia ser um empresário. E sabia que poderia falhar. Eu também sabia que poderia aprender muito mais se enfrentasse o risco de falhar. Se eu deixasse o medo de fracassar – de ser pobre – me dominar, nunca teria saído do chão.

Uma das razões pelas quais as pessoas não aumentam seu QI Financeiro #1 é porque elas se agarram ao que sabem. Elas preferem a segurança a buscar novos desafios e aprender. É óbvio que isso não significa que você deva fazer coisas estúpidas e arriscadas. Há muitas coisas que podemos fazer, mas que optamos por não fazer. Por exemplo, eu poderia ter decidido escalar o Monte Everest ou me candidatar a um dos programas para astronautas da NASA. Poderia ter escolhido me candidatar a uma das vagas de político. Enfim, o que quero dizer é que escolho meu próximo desafio cuidadosamente, não por acaso. Eu me pergunto: "O que será da minha vida se eu encarar esse desafio e for bem-sucedido?" Essa é a mesma pergunta que eu quero que você faça a si mesmo.

Helen Keller, no filme biográfico "O milagre de Anne Sullivan", disse: "A vida é uma aventura arriscada... ou nada." Concordo. Em minha opinião, uma das formas de aumentar sua inteligência financeira #1 é olhar a vida como uma aventura de aprendizado. Para muitas pessoas, viver é sentir-se seguro, fazer a coisa certa e escolher um emprego bom e duradouro. Sua vida não tem de ser arriscada ou perigosa. Viver é aprender – e aprender é aventurar-se.

Foi por isso que não retornei aos navios ou aos aviões, embora amasse ambas as profissões. Era tempo de uma nova aventura. Inteligência não é memorizar velhas respostas e evitar erros – um comportamento que nossas escolas definem como inteligente. A verdadeira inteligência envolve aprender a resolver problemas e qualificar-se para resolver problemas ainda maiores. A verdadeira inteligência é sobre a *alegria de aprender*, e não sobre o medo de fracassar.

Fazendo mais dinheiro

Ao colocar os relatórios financeiros e os diagramas do Quadrante CASHFLOW juntos, você tem uma idéia mais clara sobre suas escolhas para o QI Financeiro #1: Fazer mais dinheiro.

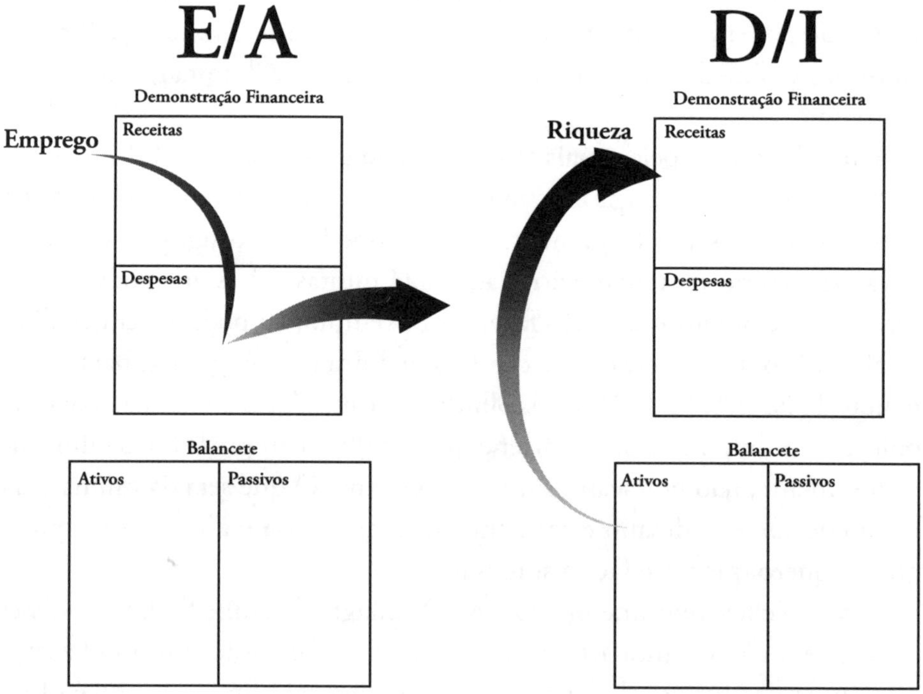

O que esse diagrama explica é que os Es e os As trabalham por dinheiro. Eles buscam um salário fixo, uma comissão ou um pagamento por hora trabalhada. Ds e Is trabalham por ativos que produzem fluxo de renda ou apreciação do capital.

Uma das razões pelas quais ganho mais dinheiro do que meus colegas que trabalham em navios ou companhias aéreas é que eles trabalham por salários. Eu, por outro lado, quis construir ativos como um empreendedor e adquirir ativos como investidor. Em outras palavras, Es e As focam na coluna das receitas, enquanto Ds e Is focam na coluna dos ativos.

Uma das coisas mais difíceis para um E ou um A entender é que um D ou um I não trabalha por dinheiro. Um D ou um I tecnicamente trabalha de graça, o que é um conceito difícil de ser captado. Es e As trabalham para serem pagos e precisam ser pagos antes de trabalhar. Trabalhar de graça, possivelmente por anos, não é do feitio profissional ou emocional deles. Es e As podem até ser voluntários em programas de caridade ou trabalhar de graça para alguma causa que julguem valer a pena, mas, quando se trata de renda pessoal, eles trabalham por dinheiro. Como regra geral, eles não trabalham para construir ou adquirir ativos.

Em termos contábeis, um E ou A trabalha por salário e D ou I trabalha por renda passiva oriunda de investimentos. No próximo capítulo – QI Financeiro #2: Proteger seu dinheiro –, você descobrirá por que o tipo de renda que uma pessoa ganha faz uma enorme diferença financeira. Salário é a renda mais difícil de proteger contra os predadores financeiros. É por isso que trabalhar por salário não é financeiramente a coisa mais inteligente a se fazer.

Muitas pessoas autônomas não têm um *business*. Elas têm um emprego. Se o autônomo parar de trabalhar, suas receitas também param ou declinam. Por definição, um emprego não é um ativo. Ativos colocam dinheiro no seu bolso, trabalhe você ou não. Se quiser saber mais sobre as diferenças entre os quadrantes E, A, D e I, recomendo que você leia *Independência Financeira* da Série Pai Rico Pai Pobre.

Por que os ricos ficam cada vez mais ricos

Olhando o diagrama a seguir é fácil entender por que os ricos ficam cada vez mais ricos.

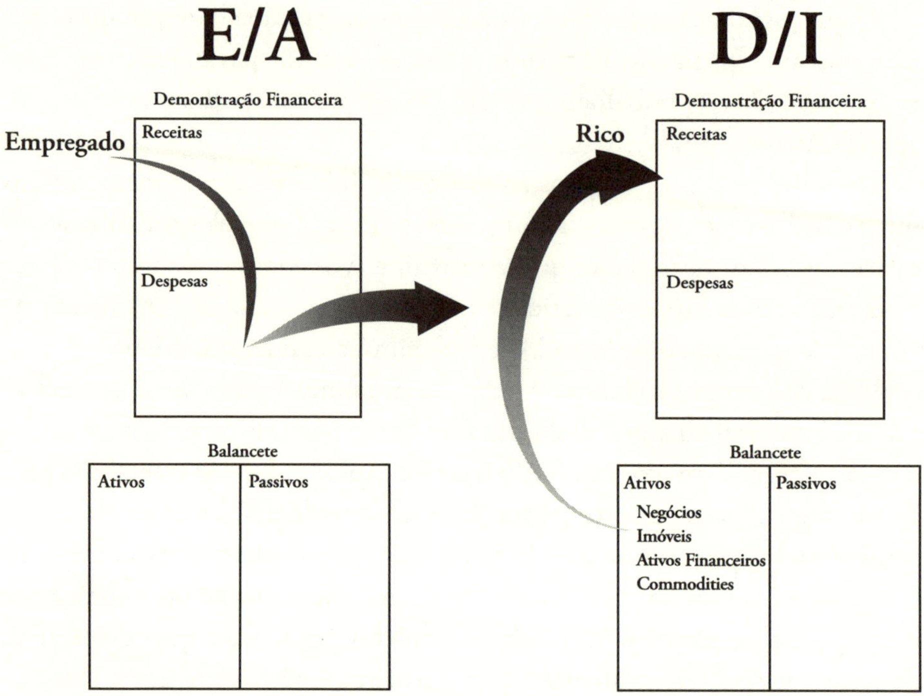

Uma das razões da dificuldade dos pobres e da classe média é que eles trabalham por dinheiro e por um salário fixo. O problema em trabalhar por dinheiro é que você tem de trabalhar cada vez mais, mais arduamente ou então cobrar por seus serviços para fazer mais dinheiro. O problema é que o esforço físico de trabalhar mais tempo ou trabalhar duro é que todos nós temos uma quantidade limitada de tempo e energia.

Uma das razões pelas quais os ricos enriquecem ainda mais é que, a cada ano, eles trabalham para construir ou adquirir mais ativos. A adição de mais ativos não requer trabalho duro ou prolongado. Na verdade, quanto maior o QI Financeiro das pessoas, menos elas trabalham enquanto adquirem mais ativos e de melhor qualidade. Veja: os ativos trabalham para os ricos produzindo renda passiva.

Todo ano, Kim e eu estabelecemos objetivos sobre quantos novos ativos queremos. Não estabelecemos objetivos de fazer mais dinheiro. Quando Kim começou a investir no mercado imobiliário, em 1989, visava possuir 20 propriedades residenciais em 10 anos. Na época, pareceu colossal. Ela começou com casas de dois quartos e um banheiro na cidade de Portland, no estado do Oregon. Cerca de 18 meses depois – e não 10 anos –, ela atingiu seu objetivo de 20 propriedades. Depois de alcançar seu objetivo, ela vendeu as unidades, com ganhos acima de $1 milhão e fez um *upgrade* buscando casas maiores e melhores na região de Fênix, no Arizona.

Em 2007, seu objetivo pessoal foi conseguir um adicional de 500 propriedades de aluguel para sua carteira de imóveis. Kim já tem mais de mil unidades que lhe dão renda passiva todos os meses. Ela faz mais dinheiro do que a maioria dos homens e conseguiu tudo isso como empreendedora do quadrante I.

Meu foco é aumentar o fluxo de caixa de ativos negociais e commodities. Invisto pesadamente em empresas de ouro, petróleo e prata. Como empreendedor na área de educação, cada vez que escrevo um livro, recebo renda por anos na forma de direitos autorais de aproximadamente 50 editoras de partes diferentes do mundo. Também estou adicionando um sistema de *franchise* de distribuição a meus negócios. Aprendi com meu negócio de rock-and-roll que é melhor ser o licenciador do que o licenciado. Embora eu adore o mercado imobiliário, gosto ainda mais do empreendedorismo do quadrande D.

Não escrevo sobre isso para me gabar. Na verdade, hesito em revelar nossa fortuna e como nós a fizemos. Há muitas pessoas que levam a mal aqueles que fazem muito dinheiro. Como você descobrirá no próximo capítulo, cujo tema são os predadores financeiros, é perigoso deixar as pessoas saberem que você é rico.

Uma das razões pelas quais é arriscado revelar o que fazemos ou o que temos é porque Kim e eu estamos comprometidos com sua educação financeira e com o aumento de seu QI Financeiro. Um problema imenso com a educação financeira é que a maioria das pessoas que vendem ou trabalham com educação financeira vem dos quadrantes E e A. Eles são empregados ou autônomos. A maioria sequer é rica. Muitos são jornalistas que escrevem sobre dinheiro, mas eles próprios têm pouco dinheiro. Ou então são vendedores de produtos financeiros como ações ou imóveis. Muitos dos especialistas financeiros têm o que outros Es e As têm. Eles têm planos de aposentadoria que investem em fundos de investimentos, títulos e ações. Muitos estão contando com o vigor do mercado de ações para a sobrevivência financeira e se darão muito mal se ocorrer algum tipo de quebra do mercado durante a aposentadoria. Muitos encontrarão problemas se o dólar continuar a cair ou a inflação disparar. Em suma, muitos especialistas financeiros que dão aconselhamento não sabem ao certo se seus planos de aposentadoria funcionarão. Se eles soubessem, muitos já teriam se aposentado.

Kim e eu sabemos que nosso plano de aposentadoria funciona. Sabemos porque a receita passiva de nossos ativos já flui mensalmente. Não estamos colocando dinheiro para o futuro em poupança ou fundos. Se perdermos tudo, o que é sempre possível, nosso ativo real será nosso QI Financeiro. Podemos reconstruir tudo porque estamos focados em aprender sobre dinheiro – e não em ganhar. Aprendemos a administrar nosso próprio dinheiro, em vez de entregá-lo a um E ou A. Como meu Pai Rico disse: "Só porque você investe ou é autônomo, não significa que seja um investidor ou o dono de um negócio."

Resumo

O segredo de fazer mais dinheiro pode ser vislumbrado no diagrama a seguir.

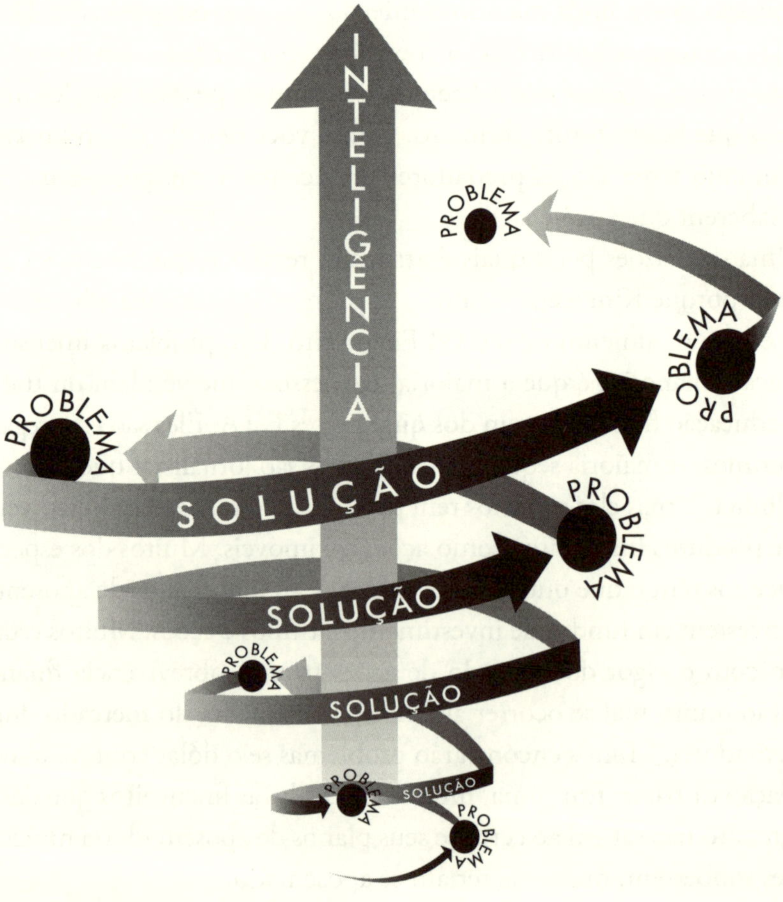

Para enriquecer, você precisa entender que os problemas não desaparecem. Cada vez que você encontra uma solução para um problema, um novo entra em cena. A chave é perceber que o processo de resolução desses problemas é que o torna rico. E, uma vez que você começa a resolver não apenas seus problemas, mas os dos outros também, então o céu é o limite.

As pessoas pagarão a você para resolver seu problema. Por exemplo, pago a meus médicos para me manter saudável. Pago à minha empregada para manter minha casa arrumada. Compro no supermercado local porque meu problema é fome e inanição se eu não comer. Pago à pessoa que tem um restaurante local por fornecer uma boa comida e uma experiência magnífica com um jantar. Pago impostos para os funcionários públicos me fornecerem um governo bem administrado. Coloco dinheiro no prato de ofertas da igreja para que eles dêem suporte à minha orientação e educação espiritual.

Kim faz muito dinheiro porque resolve um problema enorme, que consiste em oferecer casas de qualidade a um preço acessível. Quanto mais ela trabalha para resolver esse problema, mais dinheiro faz. Trabalho arduamente para resolver o problema da necessidade de educação financeira.

Simplificando: há trilhões de maneiras de fazer dinheiro porque há trilhões – se não infinitos – de problemas a serem resolvidos. A questão é a seguinte: quais problemas você quer resolver? Quanto mais problemas você resolver, mais rico ficará.

Muitas pessoas querem ser pagas para nada fazer e não desejam resolver problemas. Ou então querem receber mais do que valem os problemas que elas estão resolvendo. Uma das razões pelas quais não me juntei a uma empresa fortemente sindicalizada foi porque sou um capitalista, e não um trabalhador. Na verdade, uma das razões pelas quais existem poucos navios americanos hoje é porque está muito caro operar um navio mercante nos Estados Unidos. E é uma das razões por que a maioria dos navios de carga ou de passageiros nos portos americanos não é tripulada por cidadãos americanos. O alto custo de operar um navio americano é uma das razões para tantos estudantes de minha escola, Kings Point, não encontrar trabalho quando se graduam hoje. Esse é o problema de querer ganhar mais para fazer menos.

Meu Pai Pobre era um sindicalista. Na verdade, ele era o presidente do sindicato dos professores do Havaí. Entendo o ponto de vista dele de que os professores tinham mais poderes como um grupo. Sem o sindicato, eles receberiam menos e teriam menos direitos. Sem o sindicato, a educação padeceria mais.

Meu Pai Rico era um capitalista. Capitalistas acreditam em produzir melhor a um preço melhor. Se você não pode entregar um produto melhor, a um preço melhor, a mais pessoas, então o mercado pune você. Em outras palavras, um capitalista é pago para resolver problemas, não para criá-los – a menos que você esteja vendendo quebra-cabeças.

Muitos acham que os capitalistas são porcos gananciosos. E muitos, de fato, são. Mas há capitalistas que fazem coisas boas, como saúde, comida, transporte, energia e comunicações, para o mundo todo. Como um capitalista que faz o melhor que pode para tornar o mundo um lugar melhor para se viver, meu problema é com as pessoas que querem ser pagas por nada ou aquelas que querem receber mais fazendo pouco. Em minha opinião, um indivíduo que deseja receber mais fazendo menos – ou nada – também é um porco ganancioso.

Aqueles que querem receber mais fazendo menos acharão a vida mais extenuante, à medida que as mudanças vão ocorrendo. Por exemplo, nos Estados Unidos, os sindicatos de classe que demandam salários e benefícios maiores por menos trabalho são a principal razão da migração de empregos para outros países. Hoje, nos Estados Unidos, um trabalhador da indústria automobilística, que é fortemente sindicalizada, ganha $75 por hora, incluindo os benefícios. Na China, o mesmo trabalhador desse tipo de indústria ganha $0,75 por hora. Enquanto escrevia, a Chrysler assinou um acordo com a chinesa Chery Motors para produzir carros no país deles. Preço: menos de $2.500 a unidade. É praticamente o mesmo preço do custo do seguro de saúde adicionado a cada carro americano.

Um capitalista verdadeiro é simplesmente alguém que reconhece um problema e cria um produto ou serviço que trata esse problema. Você pode cobrar um preço maior se seu produto ou serviço tiver um valor percebido maior, mas é necessário ter um valor adicionado. Por exemplo, cobro mais por meus livros e games porque, para algumas pessoas, há mais valor educacional *percebido* neles comparado a outros. Para muitas pessoas, meus livros e games não valem o preço cobrado. Elas não valorizam minha *marca* de educação financeira, porque minha *marca* não resolve o problema financeiro delas. Muitas pessoas não acreditam que as regras do dinheiro mudaram, preferindo acreditar que podem continuar a trabalhar duro, poupar, investir em fundos e esperar mais pagamento por menos trabalho. Para o próprio bem delas e do futuro financeiro de suas famílias, espero que essas crenças e atos resolvam seus problemas financeiros.

E, para seu próprio bem, espero que você não acredite nisso. Tenho um palpite de que você não acredita, porque está lendo este livro e está ativamente aumentando sua inteligência financeira ao fazê-lo. Comece a pensar agora sobre quais problemas você precisa resolver, mergulhe de cabeça neles e o dinheiro virá. E, uma vez que você consiga esse dinheiro, precisará de cada grão de sua inteligência financeira para protegê-lo. É sobre isso que trata o próximo capítulo, o QI Financeiro #2: Proteger seu dinheiro.

Capítulo 4

QI Financeiro #2: Proteger seu dinheiro

É MUITO IMPORTANTE PROTEGER SEU dinheiro dos predadores financeiros. Como a maioria de nós sabe, o mundo está repleto de pessoas e organizações esperando pela oportunidade de se "ajudar" com seu dinheiro. Essas pessoas e organizações são muito espertas e poderosas. Se forem mais espertas ou tiverem mais poder do que você, elas pegarão seu dinheiro. É por isso que o QI Financeiro #2 é tão importante.

Como medir o QI Financeiro #2?

Em geral, o QI Financeiro #1 é medido em renda bruta. O QI Financeiro #2 é medido em porcentagem. Para entender o que quero dizer com isso, observe os três exemplos de porcentagens diferentes a seguir:

1. Uma pessoa que ganha $100 mil por ano em salários chega a pagar, entre impostos, previdência oficial e outras taxas, cerca de 50% da renda. Essa pessoa recebe, grosso modo, $50 mil por ano, depois dos impostos e das taxas.

2. Uma pessoa que ganha $100 mil por ano de seus investimentos em bolsa paga 15% de impostos. Essa pessoa recebe, grosso modo, $85 mil por ano, depois de impostos e taxas.
3. Uma terceira pessoa recebe $100 mil de renda e paga zero de impostos e taxas. Essa pessoa recebe $100 mil líquidos, livres de impostos.

Nesses exemplos, a pessoa que paga a menor porcentagem em impostos e taxas tem o maior QI Financeiro #2: Proteger seu dinheiro porque perde menos dinheiro para os predadores.

Por enquanto, mantenha em mente uma idéia simples: o QI Financeiro #2 mede a porcentagem de renda que uma pessoa mantém contra a porcentagem de renda que os predadores financeiros tomam.

Coelhos, pássaros e insetos

As lições do Pai Rico, para seu filho e para mim, sobre a importância de proteger o dinheiro dos predadores financeiros começaram bem cedo – *antes* que tivéssemos qualquer dinheiro. Como éramos muito jovens, Pai Rico usou um exemplo muito simples de fazendeiro para ilustrar seu ponto de vista. Ele disse: "Um fazendeiro precisa proteger sua plantação dos coelhos, pássaro e insetos. Para um fazendeiro, os coelhos, os pássaros e os insetos são ladrões."

Usar a idéia de que coelhinhos eram ladrões serviu como uma lição poderosa para mim enquanto eu era um garoto. Coelhinhos são fofos, adoráveis e inofensivos. O mesmo ocorria com os pássaros. No entanto, eu tinha um periquito em casa e rotular um pássaro de ladrão era um conceito difícil de assimilar. Insetos, no entanto, eu entendi. Sabia que poderíamos chamá-los de ladrões. Eu tinha uma horta em casa e havia perdido grande parte de meus vegetais para insetos e pragas.

Do nosso lado

Pai Rico não estava tentando nos assustar. Ele simplesmente queria que seu filho e eu nos conscientizássemos do mundo real. A razão pela qual ele usou criaturas fofas como coelhos e pássaros foi para nos garantir que alguns dos maiores ladrões de nossa riqueza pessoal não são bandidos, criminosos ou fora-da-lei. Ele usou coelhinhos e passarinhos porque queria nos lembrar que alguns dos maiores predadores financeiros são pessoas e organizações que amamos, confiamos ou respeitamos – pessoas ou organizações que pensamos que estão *do nosso lado* e que nos apóiam. Pai Rico costumava dizer: "A razão pela qual as pessoas estão do *nosso lado* é que, dessa posição, fica mais fácil enfiar a mão no nosso bolso. Uma das razões pelas quais muitas pessoas têm problemas financeiros é porque elas têm muitas mãos enfiadas em seus bolsos."

Continuando com o tema sobre os animais e fazendeiros, o Pai Rico fez uma lista de predadores do mundo real que incluíam burocratas, banqueiros, corretores, empresas, noivas/noivos, cunhados e advogados.*

Burocratas

Como todos nós sabemos, impostos representam nossa maior despesa. O trabalho do governo é pegar seu dinheiro e entregar a algum burocrata para gastar.

Infelizmente, o problema com a maioria dos políticos e burocratas é que eles são muito bons em gastar dinheiro. A maioria dos funcionários públicos não sabe como se faz dinheiro; talvez seja esse o motivo pelo qual eles escolhem se tornar burocratas. Se eles soubessem como fazer dinheiro provavelmente seriam homens e mulheres de negócios, e não burocratas. Como os burocratas não sabem como fazer dinheiro, mas adoram gastá-lo, passam boa parte do tempo imaginando modos criativos de arrancar mais e mais do nosso dinheiro *via* impostos.

Como você sabe, já pagamos impostos sobre renda, investimentos, casas, carros, gasolina, viagens, roupas, refeições, bebidas, cigarros, negócios, educação, permissões, licenças, morte e por aí vai. Pagamos impostos sobre impostos e sequer sabemos. Esses impostos e taxas nos são vendidos como bons para a sociedade – e alguns são. Mas os problemas da sociedade só aumentam porque os burocratas não sabem como resolver problemas (e, conseqüentemente, não sabem como fazer dinheiro); eles sabem apenas

**Nota da Tradutora*: Vale a pena notar que todas as palavras em inglês, nessa explicação do Pai Rico, começam com a letra b: *bunnies* (coelhos), *birds* (pássaros), *bugs* (insetos), *bureaucrats* (burocratas), *bankers* (banqueiros), *brokers* (corretores), *business* (empresas), *bride/beau* (noivas/noivos), *brother-in-law* (cunhados) e *barrister* (advogado, como se usa na Inglaterra).

como atirar ainda mais dinheiro nos problemas. Quando mais dinheiro não resolve um problema, então se criam novos impostos com nomes engenhosos. Como os problemas só aumentam, o mesmo acaba ocorrendo com a porcentagem que pagamos em taxas. Da mesma forma que os juros compostos nos tornam mais ricos, a composição dos impostos nos faz mais pobres. Essa é uma das razões pelas quais o QI Financeiro #2 é tão importante. Você não pode se tornar rico se todo o dinheiro que consegue fazer é tomado de você pelos predadores financeiros.

IMPOSTOS SÃO IMPORTANTES

Antes de continuar, tenho de dizer que não sou contra o governo nem contra pagar impostos. Pai Rico disse: "Impostos são despesas para se viver em uma sociedade civilizada." Ele nos mostrou que impostos pagam por escolas e professores, bombeiros e policiais, sistemas de justiça, militares, estradas, aeroportos, segurança alimentar e pelas operações gerais dos negócios governamentais. A frustração do Pai Rico com as taxas era que os burocratas raramente resolvem os problemas que enfrentam, o que significa que os impostos precisam continuar subindo. Em vez de resolver o problema, com freqüência, os burocratas convocam comitês para estudar o problema, o que significa que nada será feito. Ao perceber que sempre estaremos pagando mais impostos, a filosofia do Pai Rico era: "O trabalho de um burocrata é enfiar a mão cada vez mais fundo em seu bolso – legalmente – e seu trabalho é fazer com que eles consigam pegar o mínimo possível – legalmente."

Infelizmente, é comum acontecer de as pessoas que ganham menos serem as que pagam maior porcentagem em impostos. Em um evento recente, Warren Buffett disse o seguinte sobre impostos: "Os 400 de nós [aqui] pagam uma parte menor de nossa renda em impostos do que nossas recepcionistas ou nossas empregadas. Se você faz parte do 1% mais afortunado da humanidade, deve ter consciência de que deve essa sorte aos outros 99%."

QUAL PARTIDO POLÍTICO É MELHOR?

É bom que você saiba que não sou republicano ou democrata, conservador ou liberal, socialista ou capitalista. Quando me perguntam, simplesmente respondo que sou *todas as respostas anteriores.* Por exemplo, como capitalista, quero fazer um monte de dinheiro e pagar o mínimo possível de impostos. Como socialista, faço doações dedutíveis para a caridade e causas nobres, e quero que meus impostos produzam uma sociedade melhor que cuide daqueles que realmente não conseguem cuidar de si próprios.

Muitas pessoas, no mundo, acreditam que, nos Estados Unidos, os republicanos são melhores do que os democratas quando se trata de dinheiro, mas os fatos não sustentam essa crença. Os republicanos costumam dizer que "os democratas aumentam os impostos e gastam". Os republicanos, por outro lado, *emprestam e gastam.* O resultado líquido, independentemente do partido, é o aumento da dívida de longo prazo do país, que acabará passando para as próximas gerações na forma de mais impostos.

VOCÊ É CAPITALISTA OU SOCIALISTA?

Certa vez ouvi uma piada explicando a diferença entre um socialista e um capitalista. Um dia, um socialista bateu à porta de um fazendeiro convidando-o para participar do partido socialista local. Sem saber o que era um socialista, o fazendeiro pediu um exemplo. O socialista então disse: "Se você tem uma vaca, então todos da vila podem ter parte do leite de sua vaca. Chama-se compartilhamento da riqueza."

"Isso parece bom", disse o fazendeiro.

"E, se você tem um carneiro, todos recebem parte da lã."

"Muito legal", disse o fazendeiro. "Esse socialismo parece realmente bom."

"Ótimo", disse o socialista, acreditando que o havia convertido ao socialismo. "E, se você tem uma galinha, então todos compartilham os ovos."

"O quê?", o fazendeiro gritou raivoso. "Que absurdo! Caia fora daqui, você e suas idéias socialistas!"

"Mas, mas, mas", gaguejou o socialista. "Eu não entendo. Você estava todo feliz com a idéia de dividir o leite e a lã. Por que a objeção quanto a dividir os ovos?"

"Porque *não tenho* uma vaca nem um carneiro", rosnou o fazendeiro. "Mas tenho uma galinha."

É por isso que o QI Financeiro #2 é tão importante. Todo mundo concorda que precisamos dividir riqueza, contanto que seja a dos *outros* e não a *própria.*

ESCOLHA SEU TIPO DE RENDA CUIDADOSAMENTE

Você já sabe, dos capítulos anteriores, que existem três tipos de renda: *renda do esforço próprio, renda de carteiras de investimentos* e *rendas passivas.* Reconhecer a diferença é importante, especialmente quando se trata de proteger seu dinheiro dos burocratas. Trabalhar por *renda de esforço próprio*, como empregado ou autônomo, não permite muita proteção dos impostos.

Até mesmo os trabalhadores de baixa renda pagam impostos. Pagam por seguridade social, por exemplo. Muitas pessoas acham que o empregador paga por parte disso, o que pode ser verdade, mas, olhando para a questão em sua plenitude, veremos que, se o empregador não pagasse ao governo, então os salários poderiam ser maiores.

O mesmo é verdade em relação ao dinheiro da aposentadoria das empresas que possuem fundos de pensão em que o empregador faz o rebate das quantias depositadas pelo empregado. O dinheiro pago pelo empregador é seu.

Pessoalmente, não gosto do governo administrando minha segurança financeira futura. O governo é terrível nisso. Prefiro cuidar do meu dinheiro. O governo não tem muita inteligência financeira. Ele gasta o dinheiro que coleta com base no fato de que a maioria das pessoas não é financeiramente educada para compreender isso. Então, por que não enriquecer – e aos amigos – à custa do seu dinheiro?

Banqueiros

Os bancos foram criados para proteger seu dinheiro dos bandidos. Mas e se você descobrir que seu banco também é um bandido? Um banqueiro não tem de colocar a mão no seu bolso. Você tira dinheiro do próprio bolso e entrega ao banqueiro. Mas e se você descobrir que aquelas pessoas às quais confiou seu dinheiro estão obtendo mais do que você sequer imagina – e fazendo isso legalmente?

O governador de Nova York, Eliot Spitzer, quando era procurador-geral, investigou uma série de bancos de investimentos e administradores de recursos de terceiros e descobriu que eles eram responsáveis por uma série de práticas ilegais. As mesmas pessoas a quem o público confiava seu dinheiro eram aquelas que extraíam das pessoas um pouco mais do que deveriam. As empresas receberam multas insignificantes comparadas com as quantias que eles haviam subtraído e, ainda que isso seja perturbador, o que causa ainda mais espanto é o fato de elas continuarem funcionando até hoje.

O problema é que a investigação de Eliot Spitzer limitou-se aos bancos de investimentos e administradores de recursos e à cidade de Nova York. A questão de os bancos estarem tomando dinheiro de pessoas inocentes é mundial. À medida que mais e mais empresas estão deixando de cuidar de seus empregados até a aposentadoria, mais trabalhadores são forçados a poupar dinheiro para a própria aposentadoria. Os trabalhadores não têm dinheiro para contratar os serviços dos profissionais de finanças, como fazem as empresas. Isso está fazendo com que uma grande massa de dinheiro financeiramente "ingênuo" cresça como um balão de ar, fazendo com que os banqueiros e aqueles que vendem produtos financeiros para os trabalhadores enriqueçam mais e mais. Hoje, os fundos de previdência estão alimentando o crescimento da economia global. Os fundos de previdência privada representam um oceano de dinheiro, algo sem precedência na história mundial, e são salvaguardados pelos bancos, e não por você.

Como eu disse anteriormente, os bancos foram criados para proteger seu dinheiro. Agora, eles trabalham para tirar dinheiro de você. O trágico dessa situação é que nós facilitamos a vida deles. Nós nem ao menos vamos aos bancos mais. Em vez disso, o dinheiro é tirado direto de nossos salários antes mesmo de alcançar nossos bolsos. Os banqueiros nem precisam tirar dos nossos bolsos porque ele nem sequer está lá.

MOEDAS MARCADAS

Durante o Império Romano, muitos imperadores usavam suas moedas para jogar. Alguns aparavam suas moedas fazendo pequenos cortes, tirando ouro e prata das bordas. É por isso que as moedas, hoje, possuem ranhuras nas bordas. Ranhuras foram inventadas para proteger as moedas de cortes. Quando não podiam mais aparar as moedas, os imperadores pediam a seus tesoureiros que misturassem ao ouro e prata alguma base de metal mais barata.

Muitos países fizeram o mesmo com suas moedas. As moedas de ouro e prata desapareceram. E, em 1971, com a queda do padrão ouro, cresceu tremendamente o processo de imprimir papel-moeda.

De muitas maneiras, os bancos são os maiores predadores financeiros de todos. Diariamente, eles roubam sua riqueza *criando* dinheiro. Por exemplo, as regras permitem que os bancos peguem seu dinheiro e paguem a você uma pequena porcentagem extra através de juros. Então, para cada centavo que você poupa, o banco pode emprestar a outras pessoas muitas vezes mais esse dinheiro e cobrar juros altos por isso. Por exemplo, você deposita seu dinheiro e o banco paga 5% de juros ao ano. Imediatamente, é permitido ao banco emprestar muitas vezes mais com base no dinheiro que você depositou. O banco paga 5% a você e usa seu dinheiro como lastro para emprestar muitas vezes mais e a taxas muito, mas muito, maiores. É o chamado multiplicador bancário. É assim que os banqueiros enriquecem. Se você ou eu fizéssemos isso, iríamos para a cadeia. É uma prática conhecida como usura.

Isso causa inflação, e o hiato entre ricos e pobres só tende a aumentar, porque os bancos especulam com nosso dinheiro. Hoje, os poupadores são perdedores e os banqueiros, ganhadores.

Nas novas regras do dinheiro, precisamos aprender como emprestar *moeda corrente* para adquirir ativos, eis que não mais conseguimos poupar *dinheiro*. Em outras palavras, emprestadores inteligentes são os ganhadores no novo capitalismo, não aqueles que poupam dinheiro em uma caderneta de poupança.

Corretores

"Corretores" é outra palavra para "vendedores". No mundo do dinheiro, há corretores de valores mobiliários, de seguros, de imóveis, de investimentos etc. Um dos maiores problemas atuais é que as pessoas estão recebendo aconselhamento financeiro de vendedores, não de pessoas ricas. Se você encontrar um vendedor rico, precisa perguntar se ele enriqueceu por conta de suas vendas financeiras ou de suas habilidades financeiras.

Certa vez, Warren Buffett disse: "Wall Street é o único lugar para onde as pessoas vão de Rolls-Royce pedir conselhos a quem pega metrô."

CORRETORES BONS – CORRETORES POBRES

Um dos problemas de não ter muito dinheiro é que os bons corretores, aqueles que sabem o que estão fazendo, não têm tempo para você. Eles estão ocupados trabalhando com seus clientes de alta renda.

Quando Kim e eu tínhamos pouco dinheiro, um de nossos maiores desafios era encontrar um corretor que estivesse desejoso de nos educar financeiramente. Como não tínhamos muito dinheiro, a maioria dos corretores não tinha muito tempo. Também encontramos corretores que queriam apenas vender, e não nos ensinar. Ainda assim, continuamos procurando. O que estávamos procurando era um jovem que estivesse construindo uma base de clientes, que fosse esperto e estudioso de sua profissão e que também fosse um investidor. Quase que por acidente, por intermédio do amigo de um amigo, encontramos Tom. Inicialmente, entregamos a ele $25 mil. Hoje, 15 anos mais tarde, nossa carteira de ações está em muitos milhões e continua crescendo.

Após nos casarmos, em 1986, Kim e eu começamos a investir em imóveis. Decidimos começar com muito pouco dinheiro. Encontramos um monte de péssimos corretores de imóveis que vendiam, mas não investiam no mercado imobiliário. Caso investissem, eles o faziam em fundos de investimentos nos bancos. Finalmente, encontramos John. Começando com $5 mil, ele nos ajudou a chegar a $250 mil. Ainda que isso possa não parecer um crescimento expressivo, saiba que foi alcançado em apenas três anos, em Portland, no Oregon, durante um período recessivo para o mercado imobiliário. Hoje, nossa carteira de imóveis está na casa de dezenas de milhões de dólares e continua crescendo.

LIÇÃO APRENDIDA

Como você sabe, há bons e maus corretores. Em poucas palavras: bons corretores o enriquecem, enquanto os maus arrumam desculpas. A seguir, está uma lista abreviada das coisas que nos ajudaram a encontrar e manter os bons corretores.

1. Kim e eu fizemos cursos de investimentos em ações e corretagem de imóveis. Ter mais conhecimentos sobre esses assuntos nos permitiu distinguir os bons corretores daqueles que eram apenas vendedores.
2. Procuramos por corretores que também eram estudiosos de sua profissão. Ambos, Tom e John, investiam muito tempo estudando a respectiva área de atuação, muito além do mínimo que lhes era requerido. Tom me convidava, com freqüência, para dar uma olhada em negócios que ele vinha pesquisando. John é um corretor de imóveis que investe em imóveis. Hoje, ele é um respeitado professor que ensina sobre investimentos no mercado imobiliário.
3. Queremos saber se eles investem naquilo que vendem. Afinal, por que você deveria investir naquilo que eles estão vendendo, se o próprio corretor não tem confiança para fazer isso?
4. Desejávamos ter um relacionamento, e não apenas uma transação financeira. Muitos corretores querem vender apenas. Tom e John achavam tempo para jantar conosco, mesmo quando tínhamos muito pouco dinheiro. Ambos são nossos amigos até hoje.

A CHAVE PARA O SUCESSO

A chave para o sucesso é a educação. Kim, John, Tom e eu somos estudiosos de investimentos. Estamos interessados no mesmo assunto e queremos aprender mais a respeito. Investimos naquilo que é do nosso interesse. O Tom não sabe muito sobre investimentos imobiliários, então não falamos sobre isso com ele. Já o John, por sua vez, não tem qualquer interesse no mercado acionário, assim não falamos sobre ações com ele.

Uma das razões pelas quais nossa fortuna aumentou foi porque nosso conhecimento aumentou. Com freqüência, eu ligava para o John e perguntava questões do tipo: "Você pode me explicar melhor a diferença entre taxa de capitalização e taxa interna de retorno?" E ele me explicava, ainda que tomasse seu tempo, em vez de simplesmente tentar me vender alguma coisa.

Uma das razões para que a The Rich Dad Company faça seminários de vários dias em ações e ativos imobiliários é porque educação financeira é realmente importante. Os professores que dão nossos cursos são investidores que praticam o que ensinam. A The Rich Dad Company valoriza a educação financeira porque foi a razão pela qual Kim e eu tivemos um forte relacionamento com nossos corretores, Tom e John. Foi o compromisso com a educação financeira de longo prazo que permitiu que nós quatro pudéssemos enriquecer juntos.

Hoje, tenho corretores que me ligam constantemente. Todos alegam que têm *dicas quentes* que me farão muito rico. Na maioria das vezes, estão interessados unicamente nas comissões que colocarão comida em *sua* mesa... não na *minha*. Bons corretores querem colocar comida em *ambas* as mesas.

De novo, o QI Financeiro #2 é medido em porcentagem. Com freqüência, os corretores ganham suas porcentagens. Por exemplo, se compro uma propriedade de $1 milhão, os corretores podem ganhar 5% na venda, ou seja, $50 mil. Se aquela propriedade me dá 10% ao ano de retorno todos os anos, então a taxa do corretor vale a pena, visto que paguei a ele apenas uma vez.

Por outro lado, se vendo e compro, pago comissão duas vezes: ao comprar e ao vender. No mercado imobiliário, uma *round trip*, comprar e vender, pode facilmente *comer* 12% de seus lucros, além das taxas e impostos que precisam ser pagos. Isso não é financeiramente inteligente.

TRADERS VERSUS *INVESTIDORES*

Pessoas que compram e vendem com freqüência são *traders*, não investidores. Os *traders* não apenas pagam comissões maiores aos corretores, como também pagam mais impostos sobre os ganhos de capital de curto prazo. Isso significa que os burocratas do governo não consideram investidores as pessoas que compram e vendem por ganhos de capital. Essas pessoas são consideradas *traders* profissionais. Corretores e burocratas ganham, enquanto os *traders* perdem nesse tipo de transação. Investidores financeiramente inteligentes sabem como minimizar as taxas predatórias das transações ao investir com sabedoria e utilizar bons corretores.

Empresas

Todas as empresas têm algo para vender. Quando não vendem, elas quebram. Costumo perguntar: "Esse produto ou serviço está me tornando mais rico ou mais pobre?" Em muitos casos, o produto ou serviço não o faz mais rico; apenas enriquece a própria empresa.

Muitas empresas fazem o possível para empobrecer você. Por exemplo, muitas lojas têm os próprios cartões de crédito – o pior tipo de crédito que alguém pode ter. A razão pela qual elas querem que você tenha um cartão de crédito da loja é porque o banco lhes dá uma parcela dos ganhos.

USANDO O CARTÃO DE CRÉDITO PARA COMPRAR PRODUTOS SEM QUALIDADE

Uma das razões pelas quais as pessoas acabam travando verdadeiras batalhas financeiras é porque elas compram produtos que as empobrecem e depois ficam ainda mais pobres pagando por aquele produto por anos a fio com altas taxas de juros de cartão de crédito. Por exemplo, se compro um par de sapatos com o cartão de crédito e passo anos de minha vida pagando a conta, continuo pobre por anos. Pessoas pobres compram produtos que os mantêm pobres e levam anos para pagar por esses produtos, incorrendo em pagamentos com altas taxas de juros.

Se você quer ser rico, torne-se um consumidor de produtos de empresas que se dedicam a torná-lo ainda mais rico. Por exemplo, há muito tempo sou consumidor de diversas revistas e newsletters sobre finanças e investimentos. Também sou cliente de empresas que vendem produtos e seminários de educação financeira, Em outras palavras, sou um bom cliente até mesmo de meus concorrentes. Gosto de gastar dinheiro com produtos e serviços que me fazem ainda mais rico.

Noivas e noivos

Todos sabemos que algumas pessoas casam por dinheiro. Ambos, homens e mulheres, casam mais por dinheiro do que por amor. Goste ou não, o dinheiro desempenha um papel importante em qualquer casamento. Há uma fala no filme "O Grande Gatsby" que diz: "Meninas ricas não casam com rapazes pobres." A frase pode ser boa para o filme, mas a realidade é que há muitas garotas e garotos pobres que casam com pessoas ricas por causa de seu dinheiro.

PREDADORES DO AMOR

Meu Pai Rico costumava chamar as pessoas que casam por dinheiro de *predadores do amor*. Quanto mais dinheiro você tem, mais você é amado. Em seu mais do que divulgado divórcio, Paul McCartney teve de pagar milhões de dólares a Heather Mills, sua esposa, por quatro anos. Isso mostrou que McCartney ganhou muito dinheiro como gênio musical, mas a falta de QI Financeiro #2 lhe custou uma fortuna que um simples acordo pré-nupcial teria evitado. Meu amigo Donald Trump gosta de aconselhar: "Faça um acordo pré-nupcial." Um acordo pré-nupcial é um sinal de QI Financeiro #2 alto. Perder 50% de uma fortuna construída ao longo de uma vida por poucos anos de casamento é um sinal de baixo QI Financeiro #2.

"Quando se combinam amor e dinheiro, a insanidade financeira, e não a inteligência financeira, costuma imperar" – era o que dizia meu Pai Rico. Quando Kim e eu nos casamos, nenhum de nós tinha dinheiro; assim, tenho certeza de que não nos casamos por esse motivo. Mas, ainda que não tivéssemos dinheiro, tínhamos um plano estratégico de saída, caso as coisas não caminhassem do jeito que queríamos. Por isso, Kim tem as próprias empresas e investimentos, da mesma forma que eu. Se nos separarmos, não teremos de dividir nossos ativos. Eles já estão divididos. Estamos casados e felizes desde 1986, e o casamento fica melhor a cada dia – e ambos continuamos enriquecendo a cada ano.

SAIA ANTES DE ENTRAR

É *insano* pensar que viveremos felizes para sempre. Isso é verdade apenas em contos de fada. As coisas mudam. É por isso que contar com saídas estratégicas é importante para tudo que vale a pena. Sei que deve ser desconfortável pedir à mulher ou ao homem de seus sonhos assinar um acordo pré-nupcial. Mas isso é a coisa financeiramente inteligente a ser feita, especialmente nestas épocas de tantas mudanças na legislação. Quando se está formando um novo negócio com um sócio, sei que é difícil pensar em um acordo de dissolução quando você está apenas começando, mas é a coisa inteligente a ser pensada antes de entrar no negócio.

A próxima estratégia de saída a ser pensada é uma que muitas pessoas sequer gostam de pensar, mas sobre a qual é financeiramente inteligente refletir e pensar muito antes que você faça *a saída final*.

Cunhados

A morte é a saída final. E é outro momento em que os predadores aparecem – ou, devo dizer, os abutres. Se você é rico, não ter QI Financeiro pode custar caro a seus entes queridos. Cunhados, familiares distantes, amigos e o governo aparecem para seu funeral se você é rico. As pessoas com alto QI Financeiro fazem testamentos e adotam outras formas legais de proteger sua fortuna dos predadores.

Antes de morrer, planeje como será com especialistas em heranças. Se você é rico ou tem idéia de ser rico, planejar a saída final é a providência mais inteligente.

Advogados

Muitos predadores usam o sistema judiciário para conseguir dinheiro. Milhões de pessoas estão esperando alguma desculpa para entrar com um processo e ficarem ricos. Há certos advogados cujo único propósito na vida é levar você para o tribunal e arrancar seu dinheiro. Por isso, há certas coisas que as pessoas financeiramente inteligentes devem fazer – e uma delas é justamente procurar um advogado que possa ajudá-las a criar um escudo de proteção de seus bens, especialmente se você tem uma empresa ou muito dinheiro.

As regras mudaram

Ainda hoje, escuto as pessoas dizerem: "Trabalhe duro, poupe, saia das dívidas, invista com visão de longo prazo e diversifique seus investimentos." Trata-se de um conselho ruim e ultrapassado, dado por aqueles que são financeiramente ignorantes. É jogar o jogo do dinheiro segundo as regras antigas.

Pessoalmente, não estou tentando mudar o sistema. Minha filosofia pessoal é que é mais fácil mudar a mim mesmo do que mudar o sistema. Em outras palavras, não sou a pessoa que luta contra o vento que move os moinhos. Por essa razão, não tenho inclinações políticas. Não acredito que a política – ou os políticos – seja eficiente contra aqueles que controlam o mundo do dinheiro. Parece que a maioria dos políticos, para ser eleita, precisa ser fantoche das mesmas pessoas que controlam o mundo do dinheiro. A maioria dos conselheiros de finanças é empregada desses banqueiros internacionais.

Eu simplesmente quero saber quais são as regras e como jogar de acordo. Isso não significa que eu acredite que as regras sejam justas ou imparciais. Não são. As regras do dinheiro são o que são, e mudam constantemente. Além disso, esse novo mundo do dinheiro, ainda que seja injusto, tem feito muita coisa boa. Trouxe muita riqueza e novos produtos ao mundo, melhorou o padrão de vida de milhões de pessoas em todos os lugares, e a qualidade de vida de outros bilhões vem melhorando ainda mais. O dinheiro tem trazido muita coisa boa.

Infelizmente, essas mudanças vieram às expensas de muitos países, do meio ambiente e de muitas pessoas. Muitos se tornaram imensamente ricos ao tirar vantagem de pessoas ingênuas ou à custa da saúde alheia. É por isso que proteger seu dinheiro é uma inteligência financeira importante. A ignorância é uma bênção, diz o ditado. Bem, no caso financeiro, os únicos abençoados são os predadores, que contam com seu desconhecimento para, assim, enriquecer à sua custa.

Capítulo 5

QI Financeiro #3: Controlar seu orçamento

A RECOMENDAÇÃO DE MEU PAI POBRE ERA: "Viva dentro de suas possibilidades."

Meu Pai Rico, por sua vez, aconselhava: "Se você quer ser rico, tem de *expandir* suas possibilidades."

Neste capítulo, você descobrirá que "viver dentro de suas possibilidades" não é uma forma inteligente de enriquecer e aprenderá que existem dois tipos de orçamentos. Um é o orçamento deficitário; o outro é o orçamento superavitário. A razão pela qual o QI Financeiro #3 é tão importante é porque aprender como orçar em busca de saldos positivos é a chave para enriquecer e permanecer rico.

Um orçamento é um plano

Uma das definições de "orçamento" é: um plano para equilibrar recursos e despesas.

Meu Pai Rico nos disse que o orçamento era um plano e completou: "A maioria das pessoas usa seus orçamentos como plano para se tornar pobre ou pertencente à classe média, em vez de usá-lo para se tornar rico. A maioria das pessoas conduz a vida por um orçamento de despesas, e não para planejar excedentes. Elas procuram viver com menos do que ganham, o que, com freqüência, significa criar um déficit orçamentário."

O primeiro tipo de orçamento: o déficit orçamentário

A definição de déficit orçamentário, conforme o *Dicionário de Finanças e Investimentos Barron*, é: "Excesso de gastos sobre as receitas, para um governo, corporação ou indivíduo." Observe as palavras "excesso de gastos sobre as receitas". Gastar mais do que você ganha é a causa de um orçamento deficitário. A razão pela qual a maioria das pessoas vive com um orçamento desse tipo é porque gastar é muito mais fácil do que fazer dinheiro. Quando enfrentam uma situação de déficit, a maioria das pessoas escolhe cortar as despesas. Em vez de cortar as despesas, meu Pai Rico recomendava aumentar as receitas. Ele achava que era mais inteligente expandir as receitas do que cortar gastos.

DÉFICIT ORÇAMENTÁRIO DO GOVERNO

Quando se refere a orçamento deficitário do governo, o mesmo dicionário traz: "Um orçamento deficitário acumulado pelo governo federal tem de ser financiado com a emissão de títulos." Em outras palavras, o governo financia seus problemas vendendo dívidas que, em algum momento, terão de ser sanadas por meio do aumento de impostos dos trabalhadores e das empresas. Veja o primeiro diagrama da página 71.

DÉFICIT ORÇAMENTÁRIO DE UMA EMPRESA

Ainda segundo o mesmo dicionário de finanças, "o orçamento deficitário das empresas deve ser reduzido ou eliminado com o aumento das receitas ou a redução de despesas, ou a empresa não sobreviverá no longo prazo". De novo, perceba as duas alternativas. Uma delas é aumentar as vendas, enquanto a outra é reduzir as despesas. Veja o segundo diagrama da página 71.

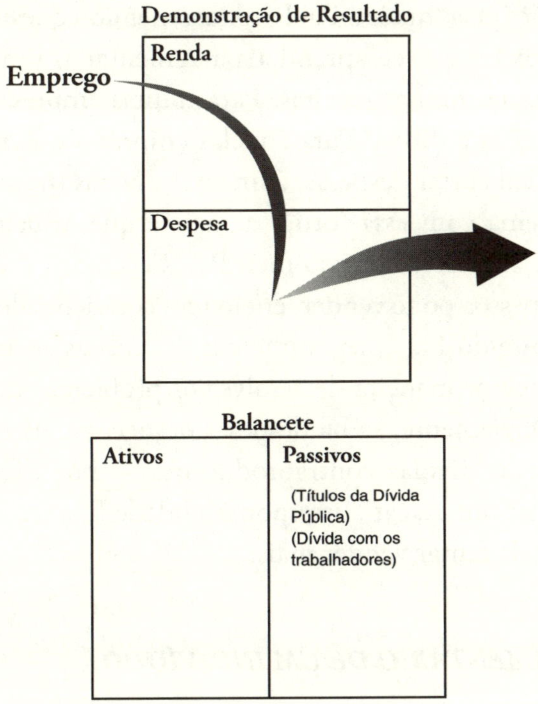
Demonstração de Resultado
Renda
Emprego
Despesa
Balancete
Ativos
Passivos
(Títulos da Dívida Pública)
(Dívida com os trabalhadores)

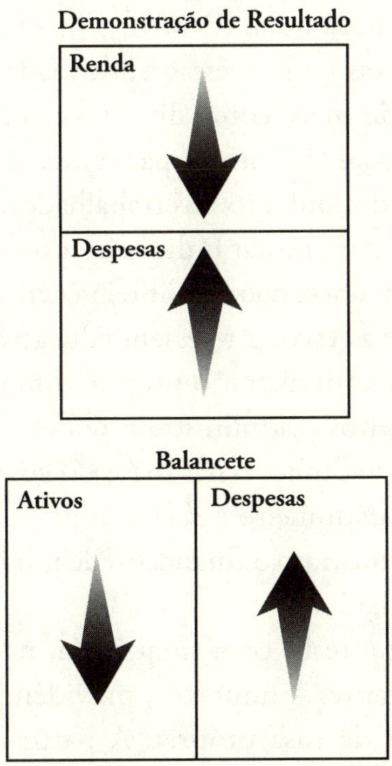
Demonstração de Resultado
Renda
Despesas
Balancete
Ativos
Despesas

Uma das razões pelas quais o Pai Rico recomendou que eu aceitasse meu trabalho na Xerox foi que eu aprenderia a aumentar as vendas, o que, por sua vez, aumentaria minhas receitas. Para muitas empresas e indivíduos, aumentar as receitas é difícil. Para aquelas empresas que não conseguem vender, é mais fácil cortar despesas, aumentar dívidas (passivos) ou vender ativos. O problema com essa forma de agir é que, usualmente, isso faz com que a situação piore. Por isso meu Pai Rico recomendou aprender a vender. Se uma pessoa pode vender, então tem condições de aumentar suas receitas. Na mente do Pai Rico, aumentar as receitas ao invés de reduzir despesas era a melhor maneira de resolver os problemas de um orçamento deficitário. Obviamente, se há despesas desnecessárias ou fúteis, como festas suntuosas ou dívidas contraproducentes – por exemplo, jatinhos executivos –, é melhor atacar a irresponsabilidade financeira causadora de problemas antes de tentar vender mais.

DÉFICIT ORÇAMENTÁRIO DE UM INDIVÍDUO

"Indivíduos que consistentemente gastam mais do que ganham acumularão dívidas enormes que em algum momento não conseguirão pagar, o que os levará à bancarrota", dizia o Pai Rico.

Como sabemos, muitas pessoas estão endividadas porque gastam mais do que ganham. Além do mais, como disse no capítulo anterior, uma das razões pelas quais as pessoas têm menos para gastar é porque os predadores financeiros estão tomando dinheiro dos trabalhadores antes mesmo de receberem. A justificativa para tomar o dinheiro dos trabalhadores antes de eles receberem é que a maioria não tem inteligência financeira para cuidar do próprio dinheiro. Se as escolas tivessem educação financeira, talvez os trabalhadores pudessem administrar o próprio dinheiro, em vez de deixar que burocratas e banqueiros o administrem por eles. O problema em deixar a administração de seu dinheiro nas mãos do governo e dos banqueiros é que eles pensam que *seu* dinheiro é *deles*.

Olhando para o demonstrativo financeiro de um indivíduo, o diagrama se parece com o da página 73.

As pessoas do quadrante E, com freqüência, não têm controle sobre quatro despesas importantes – impostos, previdência social, previdência privada e mensalidades da casa própria. A partir desse diagrama, você pode ver como os burocratas tomam dinheiro por meio de impostos e da previdência social, enquanto os banqueiros tomam dinheiro através da previdência privada e dos empréstimos imobiliários. Essas são as causas dos déficits orçamentários de muita gente.

Uma pessoa financeiramente inteligente tem controle sobre essas despesas.

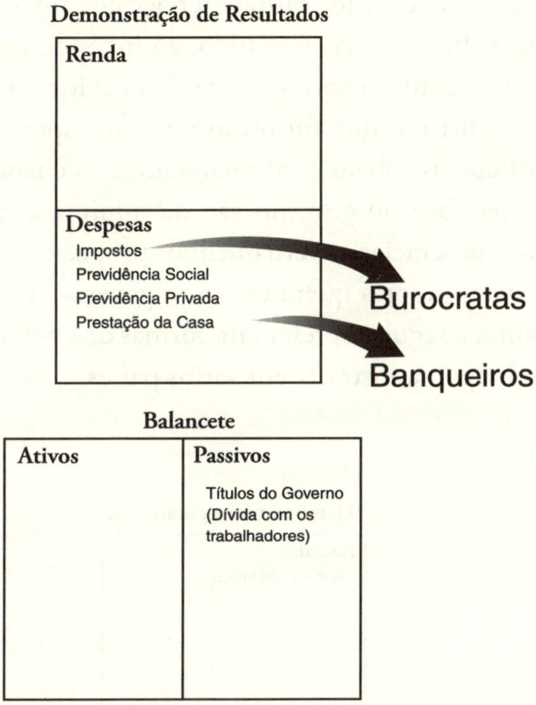

O segundo tipo de orçamento: orçamento superavitário

O dicionário de finanças diz que "um orçamento superavitário significa ter receitas superiores aos gastos do governo, das empresas ou indivíduo em determinado período de tempo".

Observe as palavras "*receita* superior aos gastos". Isso não significa necessariamente viver dentro das possibilidades. A definição não diz que um superávit é criado com uma redução de despesas, embora essa redução possa conduzir a um excesso de receitas. Isso significa focar na criação de renda excedente – QI Financeiro #1: Fazer mais dinheiro. Pai Rico adorava as palavras "excesso de receita". Este capítulo é sobre *aumentar receitas*, em detrimento de reduzir despesas, e viver dentro das possibilidades.

SUPERÁVIT ORÇAMENTÁRIO DO GOVERNO

Diz o dicionário financeiro Barron que "um governo com superávit deve dar início a novos programas governamentais ou cortar impostos".

Há alguns problemas com essa afirmação. O problema número 1 é que, quando o governo consegue superávit em suas receitas, ele gasta o dinheiro. Eis como o governo contrata serviços: se um órgão do governo é eficiente e poupa dinheiro, ele é punido, ao invés de recompensado, com um corte no orçamento do ano seguinte. Para evitar isso, todos os órgãos do governo gastam tudo que foi orçado, mesmo que não precisem. Isso significa que os custos sobem continuamente e as chances de ocorrer um superávit orçamentário no governo vão de mínima a nenhuma. Em outras palavras, as burocracias governamentais propositalmente operam com déficit. Assim, não importa quem esteja no governo, os impostos subirão. Os dois diagramas a seguir representam formas de governar que podem ser observadas, ao longo da história, em vários países.

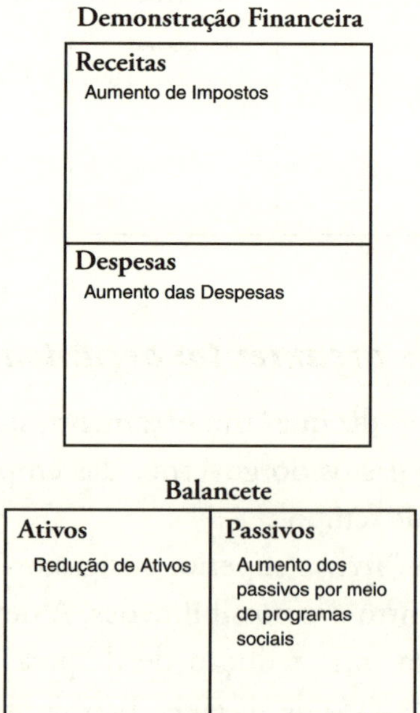

Demonstração Financeira

Receitas
Corte Orçamentário por meio de redução de impostos Aumenta a receita por endividamento
Despesas
Gasta o imposto com os negócios dos amigos

Balancete

Ativos	Passivos
	Títulos da Dívida Pública

SUPERÁVIT ORÇAMENTÁRIO DE UMA EMPRESA

Diz o dicionário: "Uma corporação com um superávit deve expandir seus negócios por meio de investimentos ou de aquisições, ou pode escolher recomprar suas ações em bolsa de valores."

Observe as duas maneiras de expandir um negócio: investimento ou aquisição. Uma empresa gasta para expandir ou adquire outra empresa. Se uma empresa não pode expandir por meio de investimentos ou aquisição, ela pode recomprar suas ações em bolsa de valores. Essa recompra significa que a empresa sente que não pode expandir seus negócios e opta por comprar a si própria. Se essa decisão provoca um aumento no valor das ações, muitos acionistas ficarão felizes, ainda que a empresa não esteja crescendo.

Sempre que escuto que uma empresa está recomprando as próprias ações, percebo que isso pode significar coisas diferentes. Uma recompra de ações pode significar que a empresa parou de crescer e seus executivos não sabem como fazer para que ela volte a crescer. Isso não é um bom sinal para os investidores. Ao invés de comprar mais ações quando o preço sobe, talvez seja a hora de vender.

Uma recompra também pode significar que os executivos acham que os preços estão muito baixos comparados com o valor dos ativos da empresa. Nesse caso, então, os investidores deveriam comprar mais à medida que o preço sobe.

Em outras palavras, um superávit de uma empresa pode nos dizer coisas diferentes sobre o negócio e sobre seus executivos.

SUPERÁVIT ORÇAMENTÁRIO DE UM INDIVÍDUO

Segundo o *Barron*, "um indivíduo com superávit orçamentário deve escolher entre liquidar *dívidas* ou aumentar os *gastos* ou *investimentos*".

Note que o dicionário oferece três opções aos indivíduos: liquidar dívidas, gastar mais dinheiro ou investir. Como quase todos nós sabemos, uma das razões pelas quais tantas pessoas enfrentam problemas financeiros é porque elas aumentam seus gastos e suas dívidas e reduzem os investimentos.

Duas escolhas

Quando se trata do QI Financeiro #3: Controlar orçamentos, existem apenas duas escolhas – déficit ou superávit. Se você quer ser rico, escolha um orçamento superavitário. E a maneira de criar esse tipo de orçamento é aumentando as receitas, e não reduzindo as despesas.

ORÇAMENTO DEFICITÁRIO

Tenho um amigo em Atlanta que sempre faz muito dinheiro. Se ele parar de fazer muito dinheiro, os problemas financeiros o destruirão, eis que ele optou por um orçamento deficitário.

Sempre que Dan consegue fazer mais dinheiro, ou ele compra uma casa maior, um carro novo ou faz uma viagem suntuosa com seus filhos. Aliás, ele tem outro péssimo hábito: a cada 10 anos, em média, ele se casa com uma mulher mais jovem, com quem tem novos filhos. Dan está envelhecendo, mas suas esposas sempre têm mais ou menos a mesma idade

– 25 anos. Ele é um especialista em ganhar dinheiro e arrumar problemas financeiros cada vez piores por meio de déficits.

ORÇAMENTO SUPERAVITÁRIO

A segunda escolha financeira é planejar para um orçamento superavitário. Após fazer dinheiro, QI Financeiro #1, proteger seu dinheiro, QI Financeiro #2, aprender a fazer um orçamento que lhe traga superávits é essencial para atingir integridade financeira.

A seguir, está uma série de lições que aprendi com meu Pai Rico e com outras pessoas ricas sobre fazer orçamentos que nos conduzam a superávits.

Dica de Orçamento #1: Um orçamento superavitário é uma despesa. Essa é uma das melhores lições financeiras que meu Pai Rico passou para mim e para seu filho. Veja o diagrama a seguir:

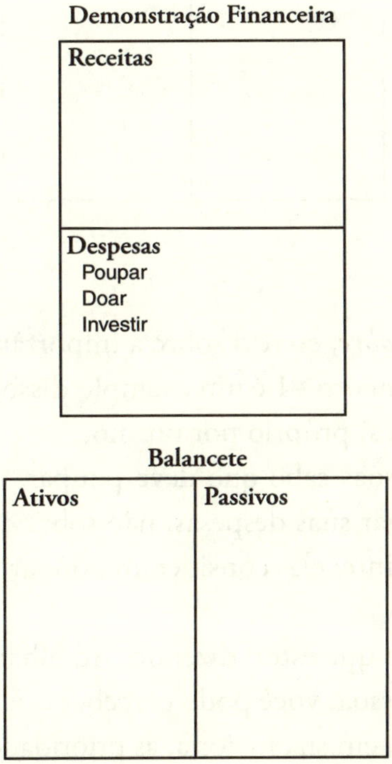

Explicando um pouco mais, ele disse: "A razão pela qual tantos governos, empresas e indivíduos falham na criação de orçamentos com superávit é porque pensam que esse tipo de orçamento se parece com:

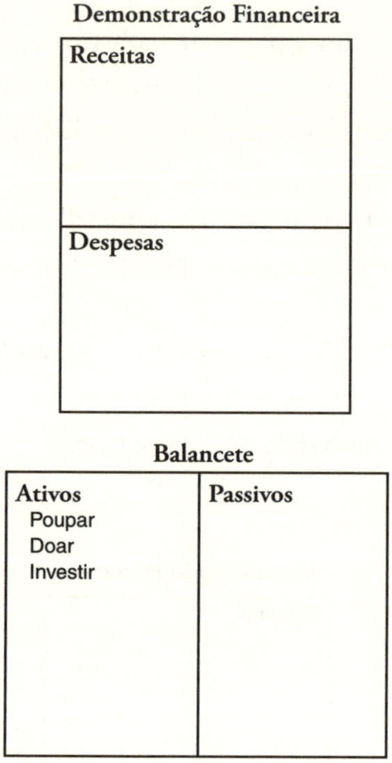

Em *Pai Rico Pai Pobre*, escrevi sobre a importância de *pagar-se a si próprio primeiro*. O orçamento #1 é um exemplo disso. O orçamento #2 é um exemplo de pagar-se a si próprio por último.

A maioria das pessoas sabe que deve poupar, doar e investir. O problema é que, após pagar suas despesas, não sobra dinheiro para fazer nada disso. A razão é a seguinte: elas consideram poupar, doar e investir a última prioridade.

Deixe-me ilustrar o que estou dizendo. Ao olhar para as demonstrações financeiras de uma pessoa, você pode perceber quais são suas prioridades.

Em outras palavras, em sua maioria, as prioridades da classe média são:

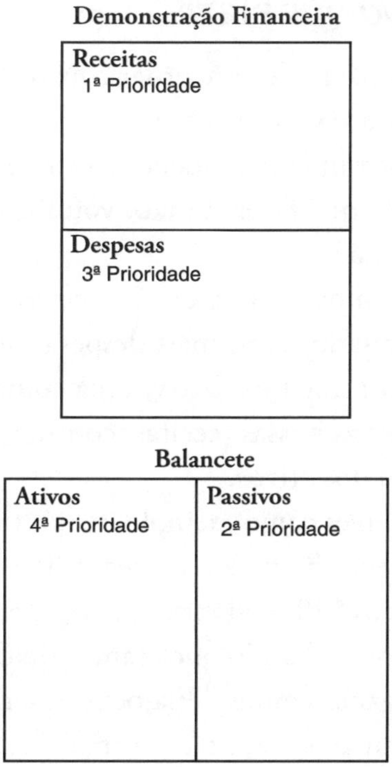

Prioridade #1: Conseguir um emprego bem remunerado

Prioridade #2: Conseguir pagar as prestações da casa e do carro

Prioridade #3: Pagar as contas em dia

Prioridade #4: Poupar, doar e investir

Ou seja, *pagar a si próprios antes* é sua última prioridade.

O superávit precisa ser prioridade

Para criar **um orçamento superavitário**, um superávit precisa ser prioritário. A melhor maneira de fazer isso é "*repriorizar*" seus hábitos de consumo. Faça de "poupar, doar e investir" ao menos a prioridade #2, e liste-a como despesas em suas demonstrações financeiras.

MAIS FÁCIL FALAR DO QUE FAZER

Sei que a maioria de vocês pode concordar com a lógica do que estou afirmando e também concordar com o fato de que as pessoas precisam fazer de *poupar*, *doar* e *investir* uma prioridade mais relevante. Mas também sei que é mais fácil falar do que fazer. Então, vou lhe contar como Kim e eu resolvemos esse problema.

Logo após nos casarmos, tínhamos os mesmos problemas financeiros que quaisquer recém-casados têm: mais despesas do que receitas. Para resolver esse problema, contratamos Betty, uma contadora. Ela foi instruída a registrar 30% de todas as nossas receitas, considerá-las despesas e colocar esse dinheiro na coluna dos ativos.

Usando números simples como exemplo, se nós tivéssemos $1.000 em receitas e $1.500 em despesas, Betty deveria pegar 30% dos $1.000 e colocar na coluna dos ativos. Com os $700 restantes, ela pagaria os $1.500 de despesas.

Betty quase desmaiou, achando que éramos doidos: "Vocês não podem fazer isso, precisam pagar as contas." Ela pensou seriamente em se demitir. Veja, Betty era uma fantástica contadora, mas fazia controles como uma pessoa pobre. Primeiro, pagava a todo mundo e deixava a si própria por último. Como raramente sobrava alguma coisa, ela pagava a si própria... *nada.* Seus credores, o governo e os banqueiros eram todos muito mais importantes do que ela própria.

Betty combateu a idéia e resistiu. Todo o seu treinamento dizia que deveria pagar a todo mundo antes. A idéia de não pagar contas ou impostos a fazia estremecer.

Finalmente, ela compreendeu que estava nos fazendo um favor. Expliquei a ela que estava nos ajudando a resolver um problema financeiro enorme: o problema de não ter dinheiro suficiente – e, como você sabe, resolver problemas nos torna mais competentes. Quando ela compreendeu que, na verdade, estava criando receita por meio de despesa, resolveu concordar com o plano que havíamos criado para gerar superávit. Para cada dólar de receita, Betty tirava $0,30 e colocava em poupar, doar e investir. Ela sabia que poupar, doar e investir era uma despesa necessária para criar superávit, nossa primeira e mais importante prioridade.

Com os $0,70 que sobravam, ela pagava impostos e passivos, como a prestação de nossa casa e do carro e, depois, contas como luz, água, comida, roupas etc.

Não é necessário dizer que, durante muito tempo, não tínhamos o dinheiro todo do mês. Ainda que pagássemos a nós mesmos, não tínhamos o suficiente para pagar aos outros. Houve meses em que faltou algo como $4 mil. Poderíamos ter pago com os $4.000 de nossos ativos, mas aquele era o *nosso* dinheiro: a coluna dos ativos pertencia a nós dois,

Em vez de se apavorar, Betty estava instruída a se sentar conosco e nos informar quanto faltava a cada mês. Após um suspiro, Kim e eu dizíamos: "Hora de voltar ao QI Financeiro #1: Fazer mais dinheiro." Com isso em mente, Kim e eu procuraríamos rapidamente fazer o possível para conseguir dinheiro. Kim, com sua experiência em marketing, com freqüência procurava as empresas e oferecia consultoria. Ela também produziu uma coleção de roupas e as vendeu. Eu oferecia ensinamento sobre investimentos ou marketing e vendas. Por alguns meses, treinei equipes de vendas na imobiliária local. Até mesmo ajudei uma família a se mudar e outra a limpar um terreno para construir.

Em outras palavras, engolíamos nosso orgulho e fazíamos o que quer que fosse para conseguir dinheiro extra. De algum modo, sempre conseguimos e, de algum modo, Betty ficou conosco e nos deu assistência tanto com o processo quanto com a solução de nosso problema, ainda que ela se preocupasse mais com isso do que nós mesmos.

Infelizmente, Betty nos ajudou, mas não quis fazer o mesmo por si própria. Da última vez que ouvimos falar dela, soubemos que havia se aposentado e estava vivendo com sua filha solteira. Elas não tinham um orçamento superavitário; limitavam-se a dividir as despesas com a aposentadoria oficial de Betty.

Investindo nosso dinheiro

Em 1989, Kim comprou sua primeira casa de aluguel. Ela deu de entrada $5 mil e conseguiu $25, por mês, de fluxo positivo de caixa. Hoje, Kim controla uma carteira multimilionária de imóveis, com mais de mil unidades alugadas, e continua crescendo. Se não tivéssemos feito do ato de investir uma despesa e pago a nós mesmos primeiro, provavelmente ainda estaríamos pagando a todos os outros antes.

POUPANÇA

Poupamos nosso dinheiro até uma quantia que superou o total de despesas de um ano inteiro em *dinheiro*. Em vez de guardar o dinheiro em um banco comercial, compramos fundos de índices de ouro e prata. Isso significa que, se precisarmos de dinheiro, ou seja, liquidez, nossos ativos líquidos estão em certificados de ouro e prata, não em dinheiro no banco comercial. Como você sabe, não gosto do dólar, porque ele não pára de perder valor. Além disso, investir em ouro e prata me impede de gastar. Detesto trocar ouro e prata por dólares. Isso é trocar um ativo que se valoriza por uma mercadoria que se deprecia.

DEUS É NOSSO SÓCIO

Quanto às doações, continuamos a doar grandes quantias a instituições de caridade. É importante doar. Como dizem meus amigos religiosos: "Deus não precisa receber, mas os seres humanos precisam doar." Além disso, a razão de doarmos é porque é uma forma de pagar a nosso sócio – Deus. Deus é o melhor sócio que já tivemos. Ele pede 10% e nos deixa manter os outros 90%. E você sabe o que acontece se você deixa de pagar a seus sócios? Eles param de trabalhar para você. É por isso que doamos.

FALTANDO DINHEIRO

Quando optamos por um orçamento superavitário, a primeira coisa que Kim e eu descobrimos foi que não estávamos fazendo dinheiro suficiente. Um dos benefícios de não ter o suficiente todos os meses foi que encaramos o problema da insuficiência logo. Suspeito que há pessoas que não têm o suficiente hoje e não terão tarde na vida, quando a capacidade de trabalho se esgotar. Então, poderá ser muito tarde para resolver essa questão.

Como eu disse no começo deste livro, se você não resolver um problema, ele estará presente sempre em sua vida. Os problemas não se resolvem sozinhos. Foi por isso que decidimos pagar a nós mesmos primeiro, bem jovens, ainda que não tivéssemos o suficiente para passar o mês. Isso nos forçou a resolver nosso problema de falta de dinheiro.

QUEM RECLAMA MAIS ALTO

Quando pagamos a nós mesmos em primeiro lugar, os primeiros a reclamar são os bancos e as pessoas a quem devemos dinheiro. Em vez de nos levar a pagar quando nos intimidaram, eles nos levaram a aumentar nosso QI Financeiro #1: Fazer mais dinheiro.

Muitas pessoas não pagam a si mesmas primeiro porque ninguém grita com elas. Ninguém contrata um cobrador para bater à porta a fim de cobrar de si próprio. Em outras palavras, não colocamos pressão sobre nós mesmos se não pagarmos a nós mesmos. Ainda assim, nós nos curvamos à pressão dos nossos credores e pagamos a eles. Kim e eu adotamos as táticas de pressão de nossos credores de nossa coluna de despesas para nos motivar a fazer mais dinheiro e aumentar nossas receitas.

Dica de Orçamento #2: A coluna de despesas é a bola de cristal. Se você quer predizer o futuro de alguém, basta olhar suas despesas mensais. Por exemplo:

Pessoa A	Pessoa B
Dízimo da Igreja	Seis caixas de cerveja
Poupança	Sapatos novos
Livro de Investimento	Televisão nova
Seminário de Investimento	Entradas para o futebol
Academia	Seis caixas de cerveja
Doação para a caridade	Sacos de batata frita
Professor particular	Seis caixas de cerveja

"Podemos predizer o futuro de alguém apenas olhando como gasta seu tempo e dinheiro", dizia meu Pai Rico, completando: "Tempo e dinheiro são ativos de muita importância. Use-os com sabedoria."

Você pode dizer o quão um orçamento superavitário é importante para alguém apenas olhando sua coluna de despesas, por exemplo:

Demonstração Financeira

Receita
- Salário

Despesas
- Imposto sobre a renda
- Previdência Social
- Previdência Privada
- Empréstimo imobiliário
- Prestações do carro
- Contas do cartão de crédito
- Alimentação
- Vestuário
- Gasolina
- Eletricidade

Balancete

Ativos	Passivos
	Empréstimo imobiliário Carro Dívida do cartão de crédito Aposentadoria

Observe quanto está sendo usado para pagar primeiro a outras organizações ou pessoas. Observe que coloquei a aposentadoria como um passivo. Em termos técnicos, é um passivo até se tornar um ativo. E, se você está fazendo uma previdência privada para sua aposentadoria em um banco, estará pagando taxas altíssimas, porque esse tipo de previdência é taxado como renda.

Compare a coluna das despesas do pague a você primeiro.

Demonstração Financeira

Receitas
- Receitas de negócios

Despesas
- Dízimo
- Poupança
- Investimentos
- Impostos
- Empréstimo imobiliário
- Despesas correntes

Balancete

Ativos	Passivos
Negócios Investimentos Reservas líquidas	

Lembre-se disto: sua coluna de ativos é a *sua* coluna. Se você não pagar a si mesmo primeiro, ninguém mais pagará. Por meio de suas despesas diárias, você e Deus, se você acredita e paga a Ele, determinarão seu futuro financeiro.

Dica de Orçamento #3: Meus ativos pagam por meus ativos. Meu Pai Pobre acreditava em barganhas. Ele pensava que ser frugal era uma forma inteligente de orçar as receitas. Nós vivíamos em uma casa comum, em uma vizinhança comum. Meu Pai Rico adorava o luxo. Ele vivia em uma casa fabulosa, em uma vizinhança abastada, e seu estilo de vida era de abundância. Ele não gostava de ser pão-duro; ainda assim, ele era cuidadoso com seu dinheiro.

Se meu Pai Pobre desejasse um objeto de luxo, ele simplesmente se recusava a adquiri-lo. "Não posso comprar", ele dizia. Se meu Pai Rico desejasse tal objeto, simplesmente se perguntava: "Como poderei comprá-lo?" E o jeito para conseguir era criar um ativo na coluna de ativos, um ativo que pudesse pagar por um passivo. Sua demonstração financeira parecia algo assim:

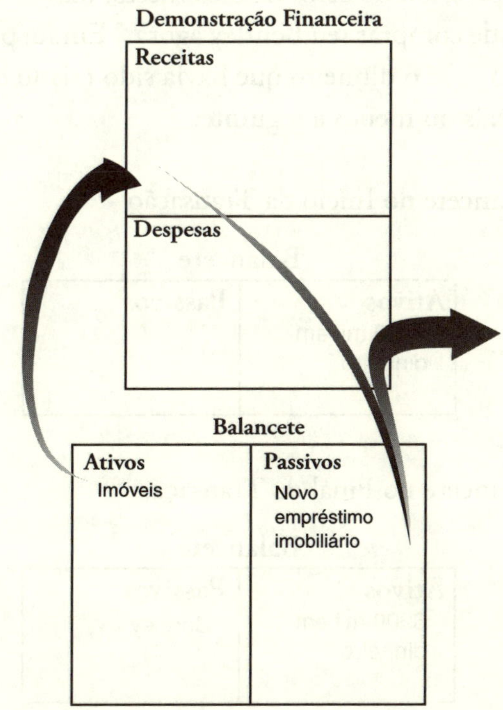

Em outras palavras, ele adquiria ativos pagando a si mesmo primeiro. Com o fluxo de caixa dos ativos, ele então comprava seus passivos de luxo. Se quisesse grandes luxos, primeiro ele criava grandes ativos. O que muitas pessoas fazem é comprar coisas caras primeiro e depois nunca conseguem dinheiro suficiente para comprar ativos. Insisto: trata-se de uma questão de prioridade.

A conta do Bentley

Dois anos atrás, eu quis um carro novo – um Bentley conversível. Preço: $200 mil. Eu tinha o dinheiro em minha coluna de ativos e poderia comprar o carro à vista. O problema de comprar um Bentley novo à vista é que o carro passa a valer $125 mil no momento em que o tiro da concessionária. Esse não é um uso muito inteligente do meu dinheiro.

Em vez de gastar o dinheiro, liguei para meu corretor de ações, Tom, e autorizei a conversão em espécie de $200 mil de alguns de meus investimentos em ouro e prata. O trabalho dele era pegar esses $200 mil em *cash* e transformá-los em $450 mil. O projeto recebeu o nome de *Bentley Account.* Tom precisou de cerca de oito meses, mas finalmente me ligou e disse: "Você pode comprar seu Bentley agora." Então, preenchi um cheque e paguei o carro com o dinheiro que havia sido criado com meus ativos. A transação foi mais ou menos a seguinte:

Posição do Balancete no Início da Transação

Balancete

Ativos	**Passivos**
$200 mil em dinheiro	

Posição do Balancete no Final da Transação

Balancete

Ativos	**Passivos**
$200 mil em dinheiro	Bentley

A razão pela qual eu precisava trocar por $450 mil, e não $400 mil, é porque os $50 mil extras seriam usados em impostos sobre ganhos de capital e na comissão de Tom. Ao final do dia, eu tinha meu Bentley e também os $200 mil originais.

Se eu tivesse feito o pagamento do carro à vista, sem a aquisição de ativos, meu balancete teria terminado assim:

Balancete

Ativos	**Passivos**
	Bentley

Eu teria perdido meus $200 mil em certificados de ouro e prata e ainda teria perdido $75 mil na depreciação instantânea assim que tirasse o carro do estacionamento da concessionária.

No capítulo sobre QI Financeiro #2: Proteger seu dinheiro, escrevi sobre como bons corretores podem enriquecê-los e maus corretores vivem arranjando desculpas. A conta do Bentley é um exemplo de um bom corretor de ações que me enriquece e me faz feliz, ao permitir que eu reúna condições de possuir os luxos da vida. Assim, continue procurando por um bom corretor, se é que você ainda não tem um.

Ativos = Passivos de Luxo

Um dos benefícios de ser autor é que, quando quero um novo passivo, primeiro escrevo um livro, como este aqui, e os direitos autorais do livro pagam por meus passivos. A transação futura parece a seguinte:

Balancete

Ativos	**Passivos**
Este livro	Passivos futuros

A esta altura, creio ser benéfico relembrar a você o que é um ativo e um passivo. Em *Pai Rico Pai Pobre*, eu os defino de maneira bastante simples: ativo é algo que *põe* dinheiro em seu bolso, enquanto passivo é algo que *tira* dinheiro de seu bolso. Não há nada de errado em ter passivos – contanto que você continue pagando a si mesmo primeiro e os adquira com a renda gerada por seus ativos. No exemplo anterior, usei meus ativos para comprar meus passivos e, ao final, eu ainda tinha meu ativo e meu Bentley.

Exemplos de outros ativos comprando passivos são mostrados no diagrama a seguir.

Balancete

Ativos	**Passivos**
Apartamento	Residência permanente

Balancete

Ativos	**Passivos**
Produção de petróleo	Casa de praia

Esses são exemplos reais de como Kim e eu aproveitamos nossos desejos por coisas luxuosas para nos fazer ainda mais ricos, não mais pobres. Como eu disse anteriormente, não acredito em "viver dentro das possibilidades". Acredito em primeiro expandir minhas receitas para depois curtir a vida. Uma pessoa com QI Financeiro baixo sabe apenas como viver dentro de suas possibilidades: cortando despesas. Se você não se permite os luxos da vida, então por que viver?

Dica de Orçamento #4: Gaste para ficar rico. Quando a situação se torna difícil, a maioria das pessoas reduz as despesas ao invés de gastar. Essa é uma das razões pelas quais tantas pessoas falham em adquirir e manter a riqueza.

Por exemplo, no mundo dos negócios, quando as vendas de uma empresa começam a cair, uma das primeiras coisas que os administradores fazem é cortar as despesas. E uma das primeiras coisas que eles cortam são as despesas com marketing e propaganda. Sem as propagandas, as vendas caem ainda mais e os problemas só se agravam.

Um sinal de alta inteligência financeira é saber quando gastar e quando reduzir. Quando Kim e eu percebíamos que estávamos com problemas, em vez de permitir que nossa contadora, Betty, reduzisse nossas despesas e pagasse primeiro nossas contas, utilizávamos intensamente as vendas, o marketing e a propaganda. Gastávamos tempo, dinheiro e energia aumentando nossas receitas. Não cortávamos nossas despesas.

No local de trabalho, há muitos donos ou gerentes que se aproveitam das pessoas fracas – aquelas que precisam de seu emprego e de dinheiro. Há pessoas que usam a fraqueza dos trabalhadores para enfraquecê-los ainda mais. Por exemplo, há grandes empresas que cortam os salários ou aumentam as tarefas para fazer com que as pessoas trabalhem mais. Se você se demite, eles sabem que haverá alguém que ocupará seu lugar. É assim que funciona o jogo.

As coisas eram assim na Xerox. Quando eu estava me saindo bem, em vez de me darem aumento, eles diminuíam meu território, aumentavam minhas quotas e reduziam meu salário. Foi a forma que eles encontraram para aumentar minha produtividade. A princípio, fiquei furioso, quis me demitir e... quase fiz isso mesmo.

Se não fosse por meu Pai Rico, eu provavelmente teria desistido. Meu Pai Rico me mostrou que a Xerox estava me ensinando, sob diferentes formas, os caminhos do empreendedorismo. Eles estavam me treinando para fazer mais com menos. Eles estavam me fortalecendo. Uma vez que pude perceber os benefícios que fariam de mim um homem de negócios muito mais treinado, aprendi a lidar com a pressão e usei-a a meu favor.

Quando Kim e eu pedimos a Betty, nossa contadora, para primeiro nos pagar, antes de pagar impostos e contas, foi a nossa forma de nos fortalecer, nos viabilizar para o mundo dos negócios. Em vez de chorar, de nos encolher de medo e pagar aos credores quando eles ligavam nos ameaçando, usávamos a energia deles para nos empurrar para fora de casa e buscar mais dinheiro.

Quando as pessoas me criticam e contam mentiras para me derrubar, uso sua negatividade para ser ainda mais positivo e mais determinado a vencer.

Quando os problemas surgem, eu os utilizo para me tornar ainda mais competente e mais importante do que os próprios problemas.

Um dia de cada vez

Fazer orçamentos é um processo importante de aprendizagem e de desenvolvimento da inteligência financeira. Encare cada problema um dia de cada vez. Em vez de brigar por causa de dinheiro, Kim e eu usamos o processo para discutir e aprender mais sobre o dinheiro e sobre nós mesmos. Pensamentos positivos não ocorrem da noite para o dia, mas acabam ocorrendo. Se você trabalhar atenciosamente na criação de um orçamento superavitário, enriquecerá sua vida. Orçamento é isso – usar o que você tem, ainda que o que você tenha seja falta de dinheiro, para fazer de si mesmo uma pessoa melhor, mais forte e mais rica.

Como o fato de ser pobre pode enriquecer você

Relembrando a definição de um orçamento: *um plano para equilibrar recursos e despesas.* Você deve ter notado que não se trata de equilibrar dinheiro, mas sim os recursos. Uma lição importante do Pai Rico foi que *um problema financeiro é um recurso* – se você resolvê-lo. Se você aprender a enfrentar problemas financeiros como dinheiro insuficiente, um chefe ruim ou uma montanha de dívidas e usá-los como recursos e oportunidades para aprender, com certeza criará, ainda que lentamente, um superávit em seu orçamento.

Na verdade, a lição que meu Pai Rico me ensinou sobre inteligência financeira foi sobre ser criativo e expedito diante de situações complicadas. "Quando era criança, eu era pobre. Hoje, sou rico porque vi que ser pobre poderia ser uma oportunidade, um recurso importante que Deus me deu para usar e me tornar rico", disse ele.

Dívida boa e dívida ruim

Existem dois tipos de dívidas: boas e ruins. Dito de maneira simples: dívida boa é uma dívida que faz você mais rico e alguém amortiza (paga) para você. Dívida ruim é dívida que faz você mais pobre, e você mesmo precisa amortizá-la.

O dinheiro leva as pessoas a fazerem coisas tolas. Por exemplo, muitas pessoas fazem coisas financeiramente insanas, como comprar uma casa com crédito imobiliário, depois, sem dinheiro, usar mais crédito para construir uma piscina e fazer uma reforma, não conseguir e, em algum momento, precisar vender a casa para pagar aos credores.

Um problema sério no mundo de hoje é o excesso de dívida. Dívida ruim é dívida que tem origem em um passivo. Dívidas ruins acabam com países, negócios e pessoas. Uma das formas de se tornar rico é ver as dívidas ruins como uma oportunidade, um recurso para enriquecer, e não empobrecer.

Se uma dívida ruim estiver impedindo você de avançar, então provavelmente você é seu próprio inimigo. Quando as pessoas usam dívidas ruins para resolver problemas, os problemas definitivamente pioram. Minha sugestão é olhar para o problema das dívidas ruins como uma oportunidade para aprender e se tornar mais esperto.

Após o fracasso de um de meus negócios, quase perdi $1 milhão. Após vender ativos pessoais e da empresa, eu ainda devia $400 mil. Para resolver esse problema de dívida ruim, Kim e eu traçamos um plano para eliminá-la. Mais uma vez, em vez de reduzir despesas, instruímos nossa contadora a manter a rota e usamos o problema para enriquecer, e não empobrecer. Em outras palavras, enriquecemos enquanto estávamos pagando nossas dívidas. Continuamos a fazer doações, a pagar o dízimo, poupar e investir, enquanto, agressivamente, pagávamos todas as nossas dívidas ruins. (Para você saber como fizemos isso, criamos um CD chamado "How We Get out of Debt", que pode ser adquirido, em inglês, em nosso site, richdad.com.)

Rememorando essa montanha de dívidas, fico feliz em saber que Kim e eu aprendemos a planejar nossos orçamentos por meio da resolução de problemas. Ainda que eu nunca mais queira ter tanta dívida ruim, aprendi com ela e resolvi o problema.

Quando Kim e eu ficávamos sem dinheiro, usávamos aquela experiência como recurso para fazer ainda mais dinheiro. Em vez de viver dentro das possibilidades ou emprestar mais dinheiro ruim para pagar dívida ruim, usamos nossos problemas como recursos para nos tornar mais criativos e despachados e, também, como oportunidades para aprender e ficar ainda mais ricos.

Lembre-se

O QI Financeiro #3: Controlar o orçamento, assim como o QI Financeiro #2, é medido em porcentagens, a porcentagem da renda que alcança sua coluna de ativos.

Se transformar 30% de sua renda em ativos é muito difícil, então comece com 3%. Por exemplo, se você ganha $1.000, em vez de alocar $300, ou 30%, para sua coluna de ativos, então direcione 3%, ou $30. Se esses 3% fazem com que sua vida se torne mais árdua, isso é bom. Uma vida árdua é uma coisa boa, faz de você alguém mais criativo e mais despachado.

Quanto maior a porcentagem que você direciona para sua coluna de ativos, maior seu QI Financeiro #3. Hoje, Kim e eu direcionamos aproximadamente 80% de nossas receitas diretamente para a coluna de ativos e fazemos o melhor possível para sobreviver com 20%. Além disso, nunca dizemos "não podemos" e *nos recusamos a viver dentro das possibilidades.* Ao manter a situação desafiadora, nos tornamos mais despachados, criando uma vida abundante e um orçamento superavitário.

Capítulo 6

QI Financeiro #4: Alavancar seu dinheiro

Em agosto de 2007, o mercado de ações derreteu. Os bancos centrais ao redor do mundo começaram a injetar bilhões de dólares em *cash* na economia para se certificarem de que o pânico não se espalharia.

O mercado continuou nervoso no dia seguinte. De manhã, enquanto me preparava para sair, assisti a uma entrevista na televisão, com três especialistas financeiros, que aconselhavam unanimemente: "Não entre em pânico. Mantenha o curso."

Quando foram solicitados a dar mais conselhos, todos os três disseram: "Poupe seu dinheiro, saia das dívidas e invista para o longo prazo em uma carteira diversificada." Enquanto terminava de me barbear, fiquei imaginando se aqueles três consultores financeiros haviam freqüentado a mesma escola de treinamento de papagaios.

Então, uma consultora disse algo diferente. Ela começou condenando o mercado imobiliário pela confusão no mercado de ações. Culpou os investidores gananciosos, os corretores imobiliários inescrupulosos e os predadores financeiros que estavam fornecendo empréstimos imobiliários para pessoas que não tinham condição de pagar (conhecido como mercado *subprime*).

Depois, a consultora completou: "Eu disse a meus clientes que o mercado imobiliário era arriscado e continuo achando. Os investidores deveriam investir em ações de primeira linha e fundos de investimentos."

Enquanto a planejadora financeira atacava, na televisão, o mercado imobiliário, minha esposa, Kim, entrou no quarto e me disse: "Lembre-se de que hoje vamos fechar aquele acordo dos 300 apartamentos."

Acenando com a cabeça, respondi: "Estarei lá."

Enquanto terminava de me vestir, pensei: "É engraçado, a consultora financeira dizendo que o mercado imobiliário é arriscado e que está em violenta crise justamente no instante em que Kim e eu estamos comprando um complexo de $17 milhões, com 300 apartamentos, em Tulsa, Oklahoma... e eu estou bastante animado com isso. Será que estamos no mesmo planeta?"

Dois pontos de vista

Qual era a diferença entre a especialista financeira que enxergava o mercado imobiliário com negatividade e meu ponto de vista sobre esse tipo de investimento? Ou, por que, enquanto tantas pessoas estavam em estado de pânico, eu estava animado com a compra de uma enorme propriedade?

As respostas a essas questões estão neste capítulo, explicadas por meio de dois conceitos financeiros: controle e alavancagem.

Como já disse reiteradamente neste livro, as regras do dinheiro mudaram depois de 1971. Existem novas regras e um novo capitalismo. Com as pensões definidas, milhões de pessoas ao redor do mundo passaram a perder o controle sobre seus salários. Agora elas precisam poupar e investir em planos de previdência conhecidos como definidos, e que pagam segundo a contribuição que se faz ao longo da vida. O problema é que a maioria das pessoas tem muito pouco treino ou educação para investir em sua própria aposentadoria. Outro problema é que as novas regras do capitalismo requerem que os trabalhadores invistam em ativos sobre os quais eles não têm controle, nem a possibilidade de alavancar. Durante algumas crises do mercado financeiro, o que a maioria pode fazer é observar, letárgica, enquanto o furacão solapa sua saúde e sua segurança financeira.

O novo capitalismo colocou o dinheiro de milhões de pessoas em investimentos que permitem pouco *controle* ou *alavancagem*. Como tenho *controle* sobre meus investimentos, em nosso exemplo do complexo de 300 apartamentos, as crises do mercado não me afetam. Como tenho controle, também tenho a confiança necessária para usar *alavancagem*. E, por causa das duas coisas, posso aumentar minha fortuna, em menos tempo, com pouco risco e ainda minimizar o efeito dos altos e baixos do mercado.

Quanto é necessário para a aposentadoria?

Quanto uma pessoa aposentada deve poupar para conseguir se aposentar em época de economia inflacionária? O que acontece se você precisar de uma cirurgia urgente para salvar sua vida e não conseguir fazê-la pelo sistema público?

A perda do poder de compra faz com que o futuro dos trabalhadores seja inseguro.

Sem a possibilidade de *alavancar*, a maioria dos trabalhadores não pode separar dinheiro suficiente para seu futuro porque, quanto mais dinheiro eles poupam, menos o dinheiro vale. Há uma história engraçada sobre a economia da Alemanha, um pouco antes de Hitler assumir o poder que ilustra esse conceito. É a história de uma mulher que encheu um carrinho de mão com dinheiro e foi à padaria comprar pão. Após negociar o preço, ela saía da padaria para pegar o dinheiro e descobriu que alguém havia roubado o carrinho de mão, mas deixara o dinheiro.

Por isso o QI Financeiro #4: Alavancar seu dinheiro é tão importante. *Alavancagem* faz com que o dinheiro trabalhe duro quando você usa o dinheiro de outras pessoas e, se você tem um alto QI Financeiro #3, consegue pagar menos impostos.

O que é alavancagem?

Em termos simples, a definição de alavancagem é *fazer mais com menos.* Uma pessoa que põe dinheiro no banco, por exemplo, não está alavancando. É o próprio dinheiro da pessoa. A proporção do dinheiro no banco é de 1:1. Ou seja, o poupador coloca todo dinheiro.

Para meu investimento nos 300 apartamentos, meu banqueiro colocará 80% dos $17 milhões. Ao usar o dinheiro do banqueiro, minha alavancagem é 1:4; para cada centavo que coloco no negócio, o banqueiro me empresta quatro.

Então, por que a especialista em finanças disse na televisão que havia riscos no mercado imobiliário? Mais uma vez, a resposta é *controle*. Se falta inteligência financeira a um investidor para controlar seus investimentos, o uso de alavancagem é muito arriscado. Como a maioria dos planejadores financeiros coloca o dinheiro das pessoas em investimentos sobre os quais eles próprios não têm nenhum *controle*, obviamente eles não usam *alavancagem*. Usar alavancagem para investir em algo que você não controla seria como comprar um carro sem a roda da direção e pisar fundo no acelerador.

Meu patrimônio não se baseia em patrimônio líquido

O patrimônio líquido é o valor de suas posses menos suas dívidas. Quando uma propriedade sobe de valor, a maioria das pessoas sente que seu patrimônio líquido aumentou. Aqueles que já leram meus livros sabem qual é minha opinião sobre patrimônio líquido: inútil, por três razões:

1. O patrimônio líquido, geralmente, se baseia em *opiniões*, não em *fatos*. O valor de uma casa é apenas uma estimativa. Você não sabe o valor real de uma casa até que ela seja vendida. Isso significa que muitas pessoas inflacionam o valor estimado de suas casas. Elas só conhecerão o preço real e o valor real quando venderem.
2. Em geral, o patrimônio líquido se baseia na posse de objetos cujos valores são declinantes. Quando preencho uma aplicação para crédito, posso colocar a lista da maioria de minhas posses na coluna do ativo: carros usados, motos usadas e até geladeira e televisão, conforme o caso. Ora, você e eu sabemos que uma televisão usada tem pouco valor e um carro usado tem um valor consideravelmente menor do que um novo.
3. Se o valor de objetos usados sobe, isso é sinal de que a moeda está perdendo valor. Em outras palavras, a casa e o carro não estão se valorizando. Apenas é necessário mais dinheiro para comprá-la.

O maior medo dos políticos

O maior medo dos políticos e burocratas são as pessoas se sentindo mal, por isso é necessário manter uma ilusão de prosperidade. Ao longo da história, reis, rainhas e governantes foram depostos ou até mesmo executados quando o povo se *sentia mal*. Você provavelmente se lembra dos franceses guilhotinando a cabeça de sua rainha Maria Antonieta ou do povo russo executando o último czar, sua esposa e seus filhos.

O capitalismo antigo era básico em fundamentos econômicos muito duros. O novo capitalismo se baseia na economia do "sentir-se bem". Contanto que o patrimônio líquido das pessoas continue subindo, a ilusão de prosperidade, baseada em dívidas, e não em produção, permanece. Quem precisa de liberdade quando se *tem patrimônio*? Se o sonho se tornar um pesadelo e a bolha do "sentir-se bem" explodir, cabeças rolarão. Poderão não rolar fisicamente, mas muitas cairão na esfera política, profissional e financeira.

Valor que não se baseia em inflação

O valor de meus apartamentos de $17 milhões não se baseia na inflação nem no preço do complexo. Ainda que preço seja importante, não estou contando com o aumento do preço de meus prédios por conta de alguma condição mágica do mercado. Nem estou contando com um aumento de meu patrimônio líquido para me sentir bem. Muito menos estou preocupado em me sentir mal por causa de uma crise do mercado. É por isso que o sobe-e-desce do mercado não me preocupa muito.

O valor de meus apartamentos é medido pelo aluguel que meus inquilinos pagam. Em outras palavras, *o verdadeiro valor da propriedade é aquele que meus inquilinos pensam que a propriedade vale.* Se um inquilino pensa que $500 é um bom valor por mês, então *é* isso que a propriedade vale. Se eu conseguir aumentar o *valor percebido* por meus inquilinos, eu – não o mercado – aumentei o valor de minha propriedade. Se eu aumentar o valor do aluguel sem aumentar o *valor percebido*, o inquilino muda para um prédio mais abaixo da minha rua.

O valor do *aluguel*, de meus apartamentos nesse caso, depende de empregos, salários, demografia, indústrias locais e demanda e oferta de propriedades de aluguel de baixo custo. Em uma crise do setor imobiliário, a demanda por propriedades de aluguel, com freqüência, aumenta, o que significa que a demanda e os aluguéis crescem. Se o aluguel sobe, o valor de meus ativos imobiliários sobe, mesmo que o valor real das propriedades esteja caindo.

Há três razões específicas para eu não estar preocupado com crises do mercado em se tratando dessa compra. Uma é a localização. Tulsa, em Oklahoma, passa por um boom favorecido pelos altos preços de petróleo e há muitos empregos bem remunerados. A indústria de petróleo precisa de trabalhadores temporários que alugam casas e apartamentos. A segunda razão é que há uma universidade perto do local, e a maioria dos estudantes procura por casas e apartamentos de aluguel de baixo preço. A terceira razão é que a taxa de juros dos empréstimos imobiliários, neste momento, estão bem baixas nos Estados Unidos. Então, os três fatores – baixa taxa de juros, renda crescente e despesas baixas – é que aumentarão o valor da propriedade, e não as flutuações do mercado.

Essa propriedade, neste momento, me oferece *controle* e *alavancagem*. Meu trabalho como investidor desse complexo é aumentar minha alavancagem de 1:4 para possivelmente 1:10, isto é, dobrar o valor da propriedade por meio de operações, e não do mercado. E posso fazer isso desde que tenha controle.

Alavancagem não é arriscado

Muitos consultores financeiros dirão a você que quanto maiores os retornos maiores os riscos. Em outras palavras, *alavancar* é arriscado. Isso é absolutamente falso. A alavancagem é arriscada unicamente quando as pessoas investem em ativos sobre os quais elas não têm qualquer controle. Se houver controle, a alavancagem pode ser aplicada com muito pouco risco. A razão pela qual a maioria dos especialistas afirma que quanto maior o risco maior o retorno é simplesmente porque eles vendem apenas investimentos que permitem pouco controle.

Como mencionei antes, meus apartamentos de $17 milhões em Tulsa são um bom investimento para usar alavancagem porque tenho controle das operações, e elas (isto é, a quantidade de receita coletada por meio dos aluguéis) determinam o valor dos investimentos. Uma casa não é um bom investimento, e a alavancagem é arriscada nesse caso porque você não tem controle sobre o valor da casa. Esse valor se baseia no mercado e no poder de compra da moeda com a qual a casa foi comprada. Essas coisas estão fora de controle.

O que é controle?

O maior problema com ativos financeiros como poupança, ações, renda fixa e fundos de investimentos é a *falta* de controle. E, como você não tem controle, é difícil e arriscado utilizar alavancagem. Como esse tipo de ativo oferece pouco controle, é difícil conseguir alguém que empreste dinheiro para você investir nesse tipo de ativo. Então, o que é controle?

O diagrama das demonstrações financeiras a seguir ilustra quatro dos principais controles que um investidor profissional e um banqueiro querem.

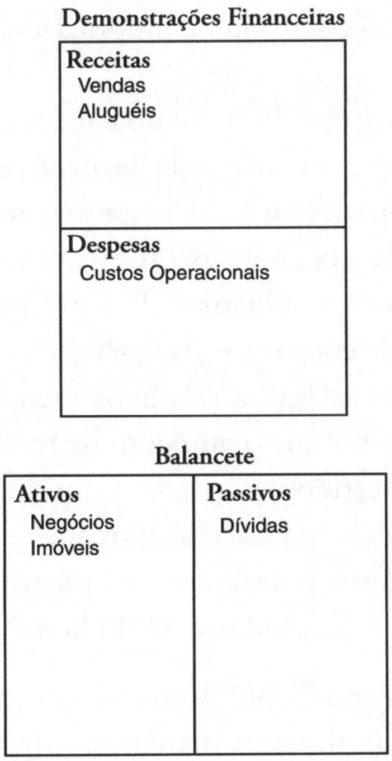

Como empresário, tenho controle sobre as quatro colunas de demonstrações dos meus negócios. Como investidor em imóveis, também.

Inteligência Financeira é a chave para o controle

Inteligência financeira é a chave para o controle. A inteligência financeira aumenta o controle, enquanto o QI Financeiro mede os retornos da inteligência financeira.

Tome o condomínio de 300 apartamentos como exemplo.

1. A coluna das receitas. O primeiro passo após adquirir a propriedade é aumentar o aluguel. A propriedade já é lucrativa e há fluxo de caixa com os aluguéis correntes. Em outras palavras, já estou fazendo dinheiro desde o primeiro dia. Ainda assim, o objetivo do negócio ou plano de negócios é aumentar o aluguel em um adicional de $100 por mês, por unidade, ao longo dos próximos três anos, da seguinte forma:

1. Aumentar os aluguéis correntes que estão abaixo do mercado
2. Instalar equipamentos novos em todas as unidades e cobrar extra por isso.
3. Fazer uma reforma completa na propriedade, como jardins e pintura.

Tudo isso será feito com o dinheiro do banco, e não com o meu. Quando entregamos ao banco nosso plano de negócios, essas melhorias já faziam parte disso e foram faturadas no total do empréstimo concedido. Multiplicando $100 ao longo de três anos, isso aumenta a renda mensal do projeto em $30 mil por mês ou um adicional de $360 mil por ano. Esse tipo de receita é um exemplo de controle e alavancagem.

Se o plano funcionar, daqui a três anos meu QI Financeiro #4 (Alavancagem) será infinito porque o aumento de receita será conseguido sem capital adicional de investidores, apenas conhecimento de como se administra um ativo (controle) em busca da mais alta rentabilidade. O aumento do QI Financeiro é *infinito* porque o aumento em receita será conseguido por meio do controle do investidor e do dinheiro do banco.

2. A coluna das despesas. O próximo objetivo de controle é reduzir as despesas. Isso é feito de diversas maneiras. Um exemplo específico é a redução dos custos de mão-de-obra com a redução dos custos administrativos. Dado que possuímos outras propriedades, muitos custos podem ser absorvidos pela empresa-mãe. Isso, às vezes, é chamado de "despesas de retaguarda". São os custos dos contadores, dos advogados e do pessoal administrativo. Outras despesas que podem ser reduzidas: seguros, impostos e taxas, consumo de água, manutenção dos prédios e jardins, por meio de melhor gerenciamento e economia de escala. Ademais, as despesas podem ser reduzidas e as receitas aumentadas ao se manter a rotatividade baixa, o tempo que leva para *realocar* um apartamento. Por exemplo, no momento em que um inquilino avisa que vai sair, um anúncio é imediatamente colocado para divulgar a disponibilidade. Uma vez vazio, o pessoal da limpeza entra naquele dia e o apartamento rapidamente é colocado à disposição de inquilinos potenciais naquela noite. Em muitos casos, o apartamento é alugado antes mesmo de o inquilino atual se mudar.

Obviamente, muitos investidores incompetentes não conseguem reduzir despesas e, na verdade, até as aumentam, fazendo da propriedade um péssimo investimento – para eles. Com freqüência, eles falham em administrar a qualidade dos inquilinos e a atratividade da propriedade porque estão tentando economizar dinheiro. Na maioria dos casos, a propriedade se desvaloriza. Gostamos de comprar essas propriedades mal administradas porque podemos transformá-las em bons investimentos com uma boa administração. Ou seja, fazemos muito dinheiro com os investidores ruins.

A administração da propriedade é a chave do controle

Como você sabe, a administração da propriedade é uma das chaves da rentabilidade no mercado imobiliário, a chave do controle. Como a maioria dos investidores, odeio administração de propriedades. É por isso que tenho um sócio, Ken McElroy. Sua empresa é definitivamente a melhor no ramo, no sudoeste dos Estados Unidos.

Uma das razões pelas quais costumo me manter longe de investimentos em ações e renda fixa é porque não tenho controle sobre as despesas – especialmente sobre o salário dos administradores, os bônus e as taxas de administração. Fico doente quando leio a respeito dos salários dos gananciosos presidentes de empresas, mesmo quando o valor das ações está caindo. Um exemplo foi o caso do presidente da Home Depot, Robert Nardelli, que ganhava $38 milhões por ano em salários, mais um bônus garantido de $3 milhões a cada ano. Infelizmente, as coisas não foram bem e Nardelli acabou se demitindo, mas apenas depois que o Conselho de Diretores concordou em lhe pagar $210 milhões para que ele fosse embora.

Para mim, isso é excessivamente caro, além de ser um abuso. É por isso que não gosto de ativos financeiros. A maioria é administrada por MBAs, empregados que pensam mais nas próprias finanças pessoais do que na segurança financeira de seus investidores. A propósito, os altos salários pagos ao executivo da Home Depot não são necessariamente uma exceção; são a norma.

3. A coluna dos passivos. Meu complexo de 300 apartamentos já tinha um financiamento a uma taxa de juros de apenas 4,95% ao ano, o que mesmo para a atual conjuntura americana é bem baixa. Baixas taxas de juros aumentaram o valor da propriedade inteira. Ao adicionar uma segunda hipoteca de 6,5%, criei uma taxa mista de 5,5% (levando em conta as diferenças entre os dois empréstimos). Essa taxa representa um controle importante e uma boa alavancagem. Um ponto percentual em milhões de dólares tem um impacto grande na receita líquida.

Por exemplo, uma economia de 1% em uma hipoteca de $10 milhões são $100 mil extras – reduzir as dívidas e também suas despesas de taxas de juros são um bom exemplo de alavancagem.

4. A coluna dos ativos. Ao aumentar os aluguéis, reduzir as despesas e as dívidas, ou os juros das dívidas, o valor da propriedade aumenta.

Como você pode ver pelas demonstrações financeiras no diagrama a seguir, ter controle e conseguir que os números desejados se movam na direção pretendida são uma forma de alavancagem e uma das funções da inteligência financeira.

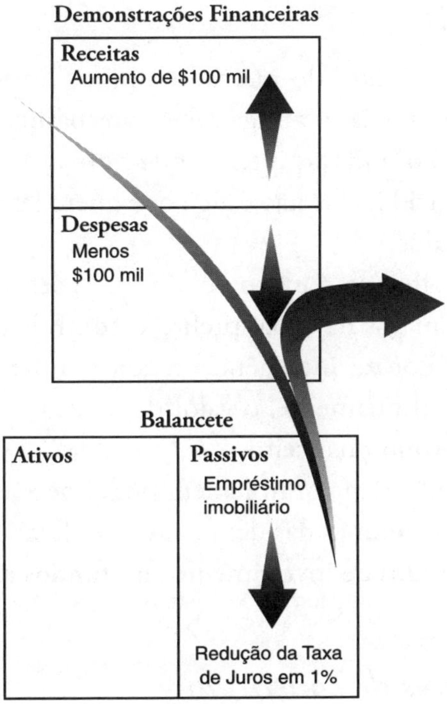
Demonstrações Financeiras
Receitas
Aumento de $100 mil
Despesas
Menos
$100 mil
Balancete
Ativos
Passivos
Empréstimo
imobiliário
Redução da Taxa
de Juros em 1%

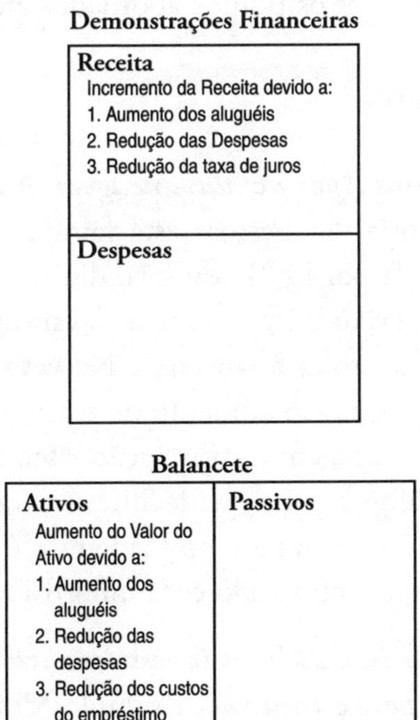
Demonstrações Financeiras
Receita
Incremento da Receita devido a:
1. Aumento dos aluguéis
2. Redução das Despesas
3. Redução da taxa de juros
Despesas
Balancete
Ativos
Aumento do Valor do
Ativo devido a:
1. Aumento dos
aluguéis
2. Redução das
despesas
3. Redução dos custos
do empréstimo
imobiliário
Passivos

Fisgando maçãs

Hoje, com os altos e baixos do mercado, muitos investidores se parecem com aquelas pessoas que iam, antigamente, aos parques de diversão e tentavam fisgar com a boca maçãs inteiras que flutuavam em uma tina cheia de água. Parece divertido, mas não é algo que quero fazer todos os dias para ganhar alguns trocados.

Em vez de ficar olhando o preço de minhas ações ou fundos subindo e descendo, como as maçãs na água, prefiro o controle de minhas demonstrações financeiras. Por ter inteligência financeira para controlar receitas, despesas, dívidas e, ultimamente, o valor de meus investimentos, tenho o controle de meu destino financeiro.

Os investidores não têm controle nem poder de alavancagem em qualquer uma das quatro colunas das demonstrações financeiras com poupança, ações, títulos, fundos de investimentos ou fundos de índices.

Uma pausa antes de continuar

Antes de tratar de outras formas de alavancagem e controle, creio que seja importante recapitular e rever os pontos abordados até agora, antes de se tornar mais complexo.

São estes os sete pontos:

Ponto #1: Existem muitos tipos de alavancagem. A alavancagem financeira com a qual a maioria das pessoas está familiarizada é o endividamento, também conhecida por DOP, ou seja, dinheiro de outras pessoas. Existem outros tipos de alavancagem, como a alavancagem da inteligência financeira aplicada aos controles financeiros. Na verdade, todas as cinco inteligências financeiras – que são aumento de receitas, proteção dos predadores, orçamentos, alavancagem e informação – são formas de alavancagem. Alavancagem é qualquer coisa que facilite seu trabalho. É mais fácil mover um objeto pesado com uma empilhadeira e é mais fácil tomar a decisão de um investimento sofisticado com um QI Financeiro maior.

Ponto #2: A maioria dos investidores investe em ativos financeiros, ativos sobre os quais têm pouco controle. Exemplos desses ativos são poupança, ações, títulos e fundos de investimentos. Como esses ativos permitem de pouco a nenhum controle, esses investidores têm pouca chance de alavancar e baixos retornos em seus investimentos, refletindo um QI Financeiro baixo. Um exemplo de baixo QI Financeiro é o retorno da caderneta de poupança. Ou o retorno de outros instrumentos financeiros sobre os quais ainda se faz necessário o pagamento de impostos. Isso sem falar que, ainda por cima, há sempre alguma inflação corroendo o valor do investimento.

Ponto #3: Aumento nos retornos não implica aumento nos riscos. Quando um consultor financeiro diz que aumento nos retornos implica aumento dos riscos, está certo quando se trata de ativos financeiros, mas errado quando se refere a todos os ativos.

Ativos como empreendimentos ou imóveis requerem maior inteligência financeira, que, por sua vez, permite maior controle financeiro e maior grau de alavancagem, com muito pouco risco. *A chave para o baixo risco é uma inteligência financeira maior.* É por isso que recomendo que a pessoa comece pequeno e continue pequeno, ao menos enquanto está aumentando sua inteligência financeira. Com esse aumento, os retornos dos investimentos também crescem. Se a inteligência financeira for baixa, então a alavancagem será um desastre para o QI Financeiro: a medida dos retornos dos investimentos.

Ponto #4: A maioria dos consultores financeiros não é investidor. Consultores são simplesmente vendedores. A maioria deles, inclusive muitos do mercado imobiliário, investe apenas em ativos financeiros, se é que investe. Muitos têm muito pouca alavancagem profissional e financeira. Em muitos casos, suas taxas de alavancagem são 1:1. Uma alavancagem profissional 1:1 significa que eles são pagos por seus serviços e apenas por isso – o pagamento de um dia de trabalho por um dia de trabalho.

Como um homem de negócios, tenho milhares de pessoas trabalhando para me dar assistência. Como investidor, no caso de Tulsa, por exemplo, tenho 300 inquilinos me ajudando a pagar por meus investimentos, o banco me emprestando $4 para cada um de meus dólares investidos e a receita federal me ajudando com alíquotas especiais sobre minhas receitas. Esses são exemplos de tipos diferentes de alavancagem.

Ponto#5: A educação financeira aumenta a inteligência financeira. A maioria das pessoas investe em ativos financeiros porque não necessita ou não quer controle. Tudo que eles querem é entregar seu dinheiro a um especialista em finanças que, espera-se, fará um bom trabalho. Longe dos olhos, longe do coração. Se as pessoas quiserem controle, a primeira coisa que elas precisam controlar é sua educação financeira, que, por sua vez, aumenta sua inteligência financeira e, possivelmente, aumenta o controle financeiro e as taxas de alavancagem.

Ponto #6: A alavancagem pode trabalhar de duas maneiras. A alavancagem pode enriquecê-lo ou empobrecê-lo. É por isso que a alavancagem requer inteligência e controle financeiro.

No mercado de capitais, o investidor pode usar a alavancagem em opções. Se um investidor acredita que o mercado vai subir, pode usar um *call*, que é o direito de comprar uma ação a determinado preço dentro de certo prazo. Por exemplo, se a ação está a $10 hoje e o investidor sente que o preço subirá, ele pode comprar um *call option* por $1. Se ele estiver correto, e a ação for a $20, então ele ganha $10 com $1. Se o investidor acha que o mercado vai cair, então ele coloca um *put*, que é uma opção de venda.

Em outras palavras, o investidor tem um potencial para ganhar dinheiro se o preço da ação subir ou descer. O problema, no entanto, é que o investidor não tem controle sobre o ativo, apenas controle sobre os termos de sua negociação. Como é esperado, a maioria dos profissionais que vendem fundos de investimentos e recomendam diversificação diz que esse tipo de investimento é arriscado – e é, para aqueles que não têm treinamento e experiência.

Aprender a fazer esse tipo de operações no mercado de opções é uma parte importante da educação financeira do investidor. Os investidores do mercado imobiliário também usam *opções*. Nesse mercado, um *call* é chamado de *entrada*, ou seja, o pagamento da primeira parcela. Se você é um investidor que quer lucros rápidos em pouco tempo, um mercado imobiliário em baixa pode ser desastroso.

Dado que a maioria dos meus investimentos em imóveis se baseia em valores dos aluguéis e custos operacionais das propriedades, o sobe-e-desce do mercado imobiliário não me afeta tanto. Ainda que eu ocasionalmente compre e venda rápido uma propriedade, especialmente se alguém quer me pagar um preço ótimo por ela, como prática prefiro comprar uma propriedade e coletar o aluguel e outras receitas ao longo do tempo. Então, depois, procurar outra propriedade para comprar e segurar.

Ponto #7: Quando a maioria dos especialistas financeiros recomenda diversificação, eles, na verdade, não estão diversificando. Há duas razões para que a diversificação que eles recomendam não seja diversificação. A primeira razão é que esses profissionais investem somente em uma categoria de ativos: os ativos financeiros. Quando uma crise surge no mercado, como aconteceu em agosto de 2007, a diversificação não protege os valores dos ativos financeiros. A segunda razão é que alguns fundos já são diversificados, sendo eles multimercados ou alguns tipos de fundos de ações. Quando alguém compra muitos fundos desse tipo é como se ela estivesse ingerindo diversas multivitaminas – a única coisa que aumenta em valor é a qualidade da urina dessa pessoa.

Investidores profissionais não diversificam. Como diz Warren Buffett: "A diversificação é uma proteção contra a ignorância. A diversificação não é necessária quando a pessoa sabe o que está fazendo."

Meu Pai Rico costumava dizer: "De qual ignorância você está se protegendo? Da sua ignorância, da ignorância do profissional de investimentos ou de ambas?"

Em vez de diversificar, os investidores profissionais fazem duas coisas. Uma é focar apenas em grandes investimentos. Isso poupa dinheiro e aumenta os retornos. A segunda é se proteger, ou fazer *hedge. Hedging* é outra palavra para seguros. Meu condomínio de 300 apartamentos, por exemplo, necessitou de toda sorte de seguros exigidos pelo banco parceiro. Se a propriedade for arruinada por um incêndio, o seguro paga o empréstimo e reconstrói os prédios. E o melhor de tudo é que o custo do seguro é pago pelas próprias receitas de aluguéis.

Duas das razões pelas quais não gosto de fundos de investimentos é que o banco não me empresta dinheiro baseado neles e as companhias de seguro não vendem apólices contra perdas catastróficas de mercados em crise – e todos os mercados passam por crises.

Mais alavancagem, mais retorno e menos risco

Foco – não diversificação – é a chave para maior sofisticação na alavancagem. Foco requer maior inteligência financeira, e esta, por sua vez, começa no conhecimento do que é que você está investindo. No mundo do dinheiro, existem duas coisas pelas quais as pessoas investem: ganhos de capital e fluxo de caixa.

1. Ganhos de capital. Outro motivo pelo qual tantas pessoas pensam que investir é arriscado é porque elas investem por ganhos de capital. Na maioria dos casos, investir por ganhos de capital é pura aposta ou especulação. Quando alguém diz "Estou comprando esta ação, fundo de investimento ou imóvel", ela está investindo por ganhos de capital, ou seja, um aumento no preço do ativo. Por exemplo, se eu tivesse comprado o condomínio de $17 milhões esperando poder vender por $25 milhões, então eu estaria investindo por ganhos de capital. Como muitos sabem, investir por ganhos de capital significa aumentar o pagamento de impostos em alguns países.

2. Fluxo de caixa. Investir por fluxo de caixa é muito menos arriscado. Investir por fluxo de caixa é investir por renda. Se coloco dinheiro na poupança ou num fundo de renda fixa e recebo 6% de juros, estou investindo por fluxo de caixa. Mas, embora o pagamento de juros represente baixo risco, o problema desse tipo de investimento é que o retorno é baixo, em alguns casos existem taxas de administração e impostos, e a inflação costuma estar presente. Quando comprei meu condomínio, eu estava investindo em fluxo de caixa. A diferença é que eu estava investindo por esse fluxo usando dinheiro do meu banco, buscando retornos maiores e impostos menores.

Em que você está investindo?

A maioria dos consultores financeiros recomenda que a pessoa invista em fundos agressivos quando é jovem. Investir em busca de crescimento implica investir por ganhos de capital. Aos investidores mais velhos, recomenda-se mudar para investimentos conservadores. Em outras palavras, invista por fluxo de caixa quando você envelhecer. Eles acreditam que fluxo de capital é menos arriscado e mais garantido.

Três tipos de investidores

Quando se trata de ganhos de capital ou fluxo de caixa, existem três tipos genéricos de investidores. São eles:

1. Aqueles que investem unicamente por ganhos de capital. Seus objetivos são, em geral, comprar na baixa, vender na alta. Quando você olha no quadrante *Cashflow*, esses indivíduos estão, na verdade, no quadrante A, e não no quadrante I. Eles devem ser considerados investidores profissionais, os chamados *traders*, e não investidores simplesmente. Aqueles que fazem operações diárias de compra e venda, chamadas de *daytrade*, pagam as taxas e os impostos mais altos do mercado e, portanto, não se beneficiam das alíquotas melhores de longo prazo que muitos recebem no quadrante I.

2. Aqueles que investem unicamente por fluxo de caixa. Muitos investidores gostam dos investimentos em renda fixa por causa da rentabilidade estável e constante. Alguns investidores adoram poupança porque paga retornos livres de impostos. Por exemplo, se a poupança está pagando 7% de juros, o retorno efetivo do investimento (ROI) é praticamente o mesmo de quem recebe 9% ou 10% em alguns fundos de investimento que pagam impostos.

3. Aqueles que investem por ganhos de capital e por fluxo de caixa. Anos atrás, os antigos investidores de ações investiam por ganhos de capital e fluxo de caixa. Esses antigos investidores ainda falam sobre o preço das ações subindo e, além de tudo, pagando dividendos a seus investidores. Mas isso foi na antiga economia, no velho capitalismo.

No novo capitalismo, a maioria dos investidores está em busca de dinheiro rápido, ganho fácil. Hoje, as grandes corretoras estão contratando os jovens gênios das finanças e utilizando o poder de supercomputadores em modelos matemáticos para apontar qualquer pequeno padrão de comportamento do mercado que seja possível explorar. Por exemplo, se o computador identifica um aumento percentual que represente um diferencial de 1% numa ação, a corretora coloca milhões nessa ação, esperando ganhar 1% em apenas um dia de compra e venda. Isso é alta alavancagem e muito arriscado.

Nos Estados Unidos, esses modelos matemáticos têm causado alta volatilidade e, com freqüência, provocam crise. O mercado quebra se o computador diz *venda* e vive uma euforia se o computador diz *compre* e depois quebra de novo. Em outras palavras, os preços sobem ou caem por nenhuma razão ligada a fundamentos ou a negócios. A variação do preço pode não ter qualquer relação com o valor da companhia porque os computadores criam uma oferta ou demanda artificial.

Como um investidor antigo nessa nova era do capitalismo, tenho de ser competente o suficiente para investir por ganhos de capital, fluxo de caixa, alavancagem de dívidas e vantagens tributárias, e ao mesmo tempo manter-me acima do tumulto que os jovens gênios das finanças e os supercomputadores causam no sistema financeiro.

Por exemplo, recentemente comprei uma ação, ainda que eu não tenha controle, porque a companhia, uma daquelas enfadonhas empresas da Era Industrial, historicamente paga dividendos constantes de 11%. Quando a ação caiu numa crise recente, comprei porque o preço do fluxo de caixa barateou. Assim, ocasionalmente compro ativos financeiros, mas tenho a tendência de comprar por fluxo de caixa. Sendo uma sardinha no meio dos tubarões e não tendo controle sobre a empresa, não uso alavancagem. Invisto apenas dinheiro que eu possa perder caso esteja errado. Se o preço dessa ação em particular subir, eu talvez venda porque gosto de investir tanto por fluxo de caixa quanto por ganho de capital. Meu ROI, retorno sobre os investimentos, sobe se e quando consigo receber as duas coisas.

Existem três componentes para ser um bom investidor do mercado imobiliário. São eles:

1. Bons parceiros. Como diz Donald Trump, "Você não consegue um bom acordo com parceiros ruins". Isso não significa que parceiros ruins sejam más pessoas. Eles podem, simplesmente, ser parceiros ruins ou errados para você. Para meu projeto dos 300 apartamentos funcionar, eu precisava de bons parceiros. Eles eram Kim, minha esposa, Ken e Ross. Já havíamos feito muitos bons acordos juntos antes e ganhado muito dinheiro. Também tivemos problemas e, ao resolvê-los, nos tornamos mais competentes e melhores na parceria.

2. Bom financiamento. O mercado imobiliário opera, sobretudo, com financiamento. Muitas pessoas dizem "localização, localização, localização". Digo "financiamento, financiamento, financiamento". Se você consegue bons financiamentos, seu negócio dará certo. Se os financiamentos não forem bons, então não funcionará. Para ilustrar meu ponto de vista, vamos imaginar que o vendedor me tivesse dito "Quero $35 milhões por meu complexo de $17 milhões". Se o vendedor me permitisse financiar o preço de compra de $35 milhões a $1 por mês durante 30 anos com o pagamento da maior parte dos $35 milhões no final do termo, eu toparia o acordo e daria ao vendedor o preço pedido. Por $1 por mês, durante 30 anos, posso pagar $35 milhões por uma propriedade de $17 milhões. Como se diz no mundo das finanças: "Eu pago *seu* preço se você concordar com *meus* termos."

Sei que alguns de vocês devem achar que $35 milhões é um exemplo extremamente ridículo. Na verdade, não é. No mundo financeiro, pagar preços ridículos é bastante comum. Com freqüência, trata-se apenas de saber quem é o comprador e quem é o vendedor, e quais são suas habilidades de usar o poder das finanças para alcançar seus objetivos.

Há alguns anos, por exemplo, uma propriedade foi colocada à venda perto do meu escritório. Quando perguntei ao corretor qual era o preço, ele me disse $2 milhões. Eu ri, disse que ele estava de brincadeira e fui embora. Achei que, no máximo, a propriedade valia $750 mil. Hoje, uma cadeia importante de hotéis colocou uma flâmula de propriedade no terreno. Não sei quanto o terreno vale, mas certamente é muito mais do que $2 milhões. Como diria meu amigo Ken McElroy, "Ganha quem tiver o melhor plano". E Donald Trump diria: "Pense grande." Toda vez que passo por aquela propriedade, digo a mim mesmo: "Pense ainda maior."

3. Boa administração. Uma das razões para minha confiança na propriedade de 300 apartamentos é que tenho bons sócios. Ken é dono de uma empresa de gerenciamento de imóveis e seu sócio possui uma construtora.

Se eu tivesse sócios, financiamentos ou uma administração ruim, meu investimento seria um desastre. Se eu fosse o único a investir, eu não o faria. É um projeto grande e complexo demais.

Tendo *controle* sobre esses três componentes – bons parceiros, bom financiamento e bom gerenciamento –, fico mais disposto a usar dívida como *alavancagem*. Sem controle, eu provavelmente não usaria dívida para me financiar. Se há riscos elevados, como especular com ações ou commodities, gosto de usar dinheiro que eu possa perder.

Mais alavancagem, maior retorno

A razão pela qual a alavancagem é tão importante é a seguinte: quanto mais alta ela for, maior será o retorno. Por exemplo, se eu comprar uma propriedade de aluguel de $100 mil com meu dinheiro e receber $10 mil por ano de renda líquida, o retorno sobre meu dinheiro será de 10%. Se eu emprestar $50 mil e ainda for capaz de receber $10 mil, meu retorno será de 20%. Se eu financiar todo o valor, $100 mil, e ainda receber $10 mil, então meu retorno será infinito. Retorno infinito significa dinheiro por nada: entram $10 mil no meu bolso e nada sai. Os inquilinos cobrem minhas despesas e eu recebo renda.

Dinheiro por nada

Em meu próximo exemplo, usando novamente meu complexo de 300 apartamentos, explicarei como recebi retornos infinitos usando alavancagem. A forma como isso será feito é aumentando os aluguéis e instalando equipamentos nas 300 unidades. De maneira supersimplificada, é assim que os números funcionam:

Demonstrações Financeiras

Receitas
$50 aumento dos aluguéis $50 aumento dos aluguéis devido à instalação de novos equipamentos
Despesas
$10 ao mês em pagamento pelos novos equipamentos

Balancete

Ativos	Passivos
	$1.000 dívida a pagar dos novos equipamentos e renovação dos apartamentos

Os $100 de aumento são necessários para se igualar aos competidores e cobrir os custos de modernização externa e interna.

Esse aumento de $100 por mês de receita é uma transação 100% financiada, já que pegamos dinheiro extra do banco para as renovações. Temos, portanto, o controle. O aumento da dívida está mais do que coberto por nosso aumento na receita. Esses $100 extras são tecnicamente *retornos infinitos* porque todas as despesas correm por conta do banco e todos os retornos vêm para mim.

O aumento de $100 por mês é multiplicado por 300 unidades. Esse é um acréscimo bruto de $30 mil por mês ou $360 mil a mais por ano, acima do fluxo de caixa que já estamos conseguindo. Esses $360 mil são um *retorno infinito* medido pelo fluxo de caixa em mãos, e não um ganho de capital fictício em algum ativo financeiro.

Em suma, o banco coloca 100% do dinheiro para essas melhorias e nós recebemos o aumento das receitas. Os inquilinos pagam pelas despesas e pelos empréstimos imobiliários.

4. Taxa Interna de Retorno. Uma das mais complexas, sofisticadas e freqüentemente confusas medidas de ROI é a Taxa Interna de Retorno (TIR). Se o investidor realmente sabe o que está fazendo, pode aumentar seu ROI ao compreender sua TIR. O diagrama seguinte explica, tão simplesmente quanto é possível, essa maneira mais avançada de medir o verdadeiro retorno do investidor.

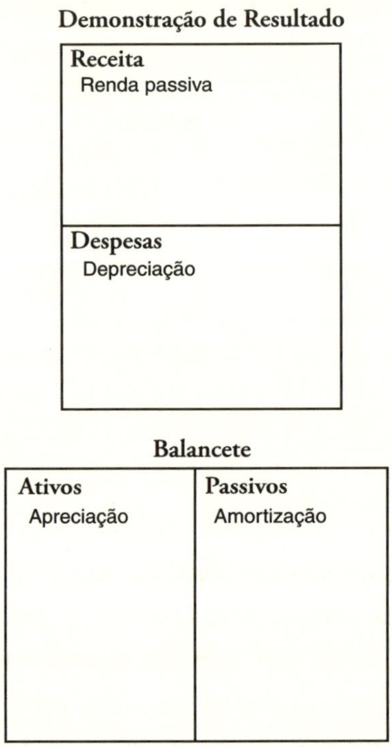

Em termos excessivamente simples, a TIR (taxa interna de retorno) mede os demais retornos e alavancagens que um investimento bem controlado pode proporcionar.

1. *Coluna da Receita: Receita passiva.* A maioria das pessoas entende que receita bruta de aluguéis faz parte da coluna de receitas. Mas a TIR também mede outras formas de receitas. Renda passiva está sujeita a alíquotas menores do que as do imposto sobre a renda.
2. *Coluna da Despesa: Depreciação.* Depreciação vale para coisas como refrigeradores, ventiladores, carpetes, mobília, objetos que declinam

em valor à medida que envelhecem. Um contador pode lhe explicar isso se você possui um negócio ou investimentos em imóveis. Não existe depreciação para ativos financeiros.

3. *Coluna do Passivo: Amortização.* Outra forma de receita para o investidor é conhecida por amortização, que é uma palavra criativa que significa *pagar suas dívidas em períodos estabelecidos.* Quando você tem uma dívida boa, dívida que um inquilino paga para você, a amortização se torna uma receita. Em outras palavras, quando um inquilino paga minha dívida, esse pagamento é tecnicamente receita para mim, dinheiro que fica no meu bolso esperando pela próxima oportunidade de negócio.
4. *Coluna do Ativo. Apreciação.* A apreciação é o aumento do valor do ativo. Isso também é receita para você. Isso não é apreciação baseada em alguma avaliação de corretor de imóveis ou um aumento baseado em comparações de vendas na região. A maneira que meço a apreciação é pelo aumento da receita em minha coluna da receita. Por exemplo, o aumento de $360 mil de receita dos meus 300 apartamentos é mensurável.

Esse não é um método exato de definir a TIR, mas pode lhe dar uma idéia de como um investidor pode aumentar o retorno sobre seus investimentos muito além do que um investidor pode receber de papéis do mercado financeiro. Ao menos você tem uma idéia do que são as TIRs. Eu diria que 95% dos investidores nunca sequer ouviram falar de taxa interna de retorno. Então, agora você está mais preparado e afiado do que 95% deles.

Começando com nada

Para alguns de vocês, $17 milhões soam como um investimento enorme. Para outros, é pequeno. Dez anos atrás, comprar um complexo com 300 apartamentos pareceria muito grande para mim e Kim. Daqui a dez anos, estou certo de que parecerá pequeno. Kim, Ken e eu já estamos planejando projetos muito mais grandiosos. Donald Trump e eu estamos olhando um projeto imenso não muito longe da minha casa, algo para daqui a dez anos.

Mencionei tamanho e valores de projetos para salientar três aspectos:

1. Nascer pobre e sem educação financeira não significa que não é possível ficar rico. Poucas pessoas nascem suficientemente ricas para adquirir um condomínio de $17 milhões. E ninguém nasce competente o suficiente para adquirir, financiar e administrar um complexo com 300 apartamentos. Em outras palavras, não ter qualquer dinheiro ou educação financeira não é desculpa para não começar. Mesmo assim, milhões de pessoas deixam que o problema de não ter dinheiro ou educação suficientes as impeça de se tornar ricas. Elas simplesmente não dão o primeiro passo. Ou então iniciam algo e depois falham. Ao cometerem um erro, perderem dinheiro ou enfrentarem problemas, muitos acabam desistindo. É por isso que, para bilhões de pessoas, um projeto dessa magnitude sempre parecerá maior do que seus sonhos.

2. Comece pequeno e engatinhe. Em 1989, o primeiro investimento de Kim foi um apartamento de dois quartos de $45 mil, no Oregon. Ela deu $5 mil e ganhava $25 por mês. Ela estava extremamente nervosa quando deu o primeiro passo. Hoje, um complexo de $17 milhões é entediante, porque ela está pronta para projetos maiores.

Em 1997, Ken McElroy começou com um apartamento de dois quartos com suíte no Arizona. Custou $115 mil e ele deu $23 mil de entrada. Ele ganhava $50 de fluxo de caixa positivo por mês. Hoje, ele controla uma carteira de imóveis de centenas de milhões de dólares.

Comprei minha primeira propriedade de investimento em 1973. Não tinha nenhum dinheiro extra para investir. Ainda estava na Marinha e havia acabado de comprar minha primeira casa. Em vez de permitir que um salário baixo e nenhum dinheiro acumulado me impedissem, me inscrevi em um curso sobre investimentos imobiliários e paguei $385. Em poucos meses, comprei minha primeira propriedade de investimento, um apartamento de um quarto na ilha de Maui, por $18 mil. A propriedade estava penhorada e o banco estava doido para se livrar dela. O banco me consentiu dar a entrada de $2 mil em meu cartão de crédito. A propriedade me rendia $35 por mês, após pagar minha prestação com o banco e o cartão de crédito, o que é *retorno infinito*, dado que emprestei 100% do dinheiro. Quando provei ao banco que podia administrar a propriedade, eles me venderam mais duas unidades. Estava iniciada minha carreira de investidor.

Cerca de um ano mais tarde, vendi as três propriedades por aproximadamente $48 mil cada e coloquei $90 mil em meu bolso. Nada mau por um curso de investimentos imobiliários de $385 e uma entrada dada com cartão de crédito.

Mesmo tendo feito isso, não recomendo que as pessoas usem seus cartões de crédito para dar entradas. Aconselho, no entanto, que as pessoas leiam livros e participem de seminários sobre investimentos. Uma das razões para minha empresa The Rich Dad Company oferecer seminários intensivos de investimentos é o fato de eu acreditar firmemente no poder da mente. Esta é a forma mais importante de alavancagem.

3. Sonhe grande. A maioria de nós sabe que deve permitir a uma criança que ela sonhe. O mesmo é verdade para os adultos. Como casal, Kim e eu temos grandes sonhos. Nossos sonhos ajudam a manter nosso casamento rico, jovial e divertido. Projetos maiores de investimento nos mantêm juntos, aprendendo e operando como um time, ao invés de nos separar. Sonhamos grande, aprendemos e investimos cuidadosamente para poder ir muito além de nossas possibilidades. E não se trata de dinheiro... trata-se de viver. Pessoalmente, Kim e eu achamos que é uma tragédia alguém viver aquém de seus sonhos.

Resumo

Em agosto de 2007, quando os mercados do mundo desabaram, muitas pessoas não tinham a menor idéia do significado de tal crise. Muito menos sabiam como a crise afetaria sua vida.

Hoje, mesmo no país mais rico do mundo, os Estados Unidos, milhões de pessoas que trabalham duro estão ganhando menos, ainda que recebam salários maiores. Essas pessoas estão poupando dinheiro que perde valor e usando cartões de crédito para pagar suas contas.

Para piorar a situação, por causa do desmoronamento do mercado, milhões de pessoas estão achando que investir é arriscado e, para obter maiores retornos, é preciso assumir riscos maiores. Poucas pessoas sabem que a chave para *alavancar é o controle,* e a chave para ter o controle é a inteligência financeira.

A boa notícia é que, quanto mais alta for sua inteligência financeira, mais dinheiro você faz sem precisar de dinheiro. Neste novo capitalismo, é verdadeiramente possível fazer dinheiro por nada. Na era da informação, conhecimento é uma alavancagem insuperável. Quanto mais dinheiro você faz sem dinheiro, maiores serão seu ROI e IRR e maior será seu QI Financeiro.

Dado que o QI Financeiro é uma medida numérica de inteligência financeira, isso significa que um *retorno infinito* exprime um QI Financeiro infinito. Diga isso a seu banqueiro e consultor financeiro da próxima vez que eles lhe disserem que um retorno de 5% na poupança ou 10% em um fundo de investimento é um excelente retorno.

Capítulo 7

QI Financeiro #5: Melhorar suas informações financeiras

EM JANEIRO DE 1972, FUI TRANSFERIDO DE *Camp Pedleton*, na Califórnia, em um avião de carreira, para a costa do Vietnã. Essa seria minha segunda viagem para o Vietnã. Minha primeira visita foi em 1966. A Academia da Marinha envia estudantes para o mar, para um ano de estudo. Meu projeto era estudar operações de carga militar em zona de guerra – mais especificamente, como transportar com segurança artefatos de guerra, como bombas – sem nos matar. Minha segunda viagem como piloto de guerra foi uma experiência muito diferente da anterior, quando apenas pesquisava a guerra como estudante.

Meu primeiro trabalho a bordo do cargueiro foi como piloto de helicóptero de ataque. Minha primeira missão foi voar acompanhando e protegendo os helicópteros maiores que transportavam as tropas. Nosso esquadrão era composto principalmente por helicópteros de tropas, um CH-46, rotor duplo, e por CH-53s, também conhecidos como Gigantes Verdes. Se a zona de combate estivesse ardendo com o fogo inimigo, o trabalho dos helicópteros armados era proteger os helicópteros que continham as tropas. Pessoalmente, eu gostava de ser um piloto de helicóptero armado. Era muito melhor do que ser um piloto de transporte de tropa. Pilotos desses helicópteros precisavam ser muito corajosos. Eles voavam em aeronaves imensas, em zonas de intensos combates, aguardando, sentados, enquanto as tropas entravam e saíam de bordo.

Trabalho top secret

Meu trabalho secundário era como assistente no esquadrão de informações altamente secretas. Foi extremamente interessante: sentar, ouvir, observar, coletar e processar informações *top secrets*. Em intervalos regulares durante o dia e a noite, entregávamos relatórios aos oficiais em comando e às suas equipes. Nosso trabalho era coletar dados brutos sobre a guerra e transformá-los em informação relevante.

Informações de vida ou morte

Adquiri um tremendo respeito pela informação, ao trabalhar com isso. Antes do Vietnã, eu nunca havia pensado muito nessa questão. Na escola, achava que o estudo da informação era uma bobagem. Para mim, informação era simplesmente uma coleção inútil de fatos e números, datas e épocas que tinham de ser memorizados para passar nos exames. No Vietnã, informação era muito mais importante. Poderia significar vida ou morte para meus companheiros pilotos.

Hoje, acredito que minha posição de oficial da informação ajudou-me como empresário e investidor, tornando-me muito melhor. Hoje, sei que a informação significa vida ou morte na guerra e a diferença entre ser rico ou pobre nos negócios.

A informação é mais importante do que a vida

Na preparação para ir para o Vietnã, fomos treinados no sentido de processar informações nos mínimos detalhes e tomar decisões em milésimos de segundos sob intensa pressão. Se fizéssemos um bom trabalho processando a informação, viveríamos. Caso contrário, isso poderia representar a morte. Quando percebi que minha vida e a vida dos outros dependiam da qualidade da informação que eu recebia, isso se transformou em algo mais importante até do que a minha própria vida.

Em livros anteriores, escrevi sobre o primeiro dia em que me vi sob fogo cruzado no Vietnã. Descrevi o medo, assim como a percepção, de que o cara atirando em mim queria ir para casa tanto quanto eu. Nos livros, relatei as palavras de sabedoria de meu comandante de batalhão ao me lembrar de que na guerra não há segundo lugar, não há medalha de prata. É ouro ou nada. Ao ver balas de verdade zunindo ao nosso redor, percebi que os dias na escola estavam oficialmente encerrados. Enquanto voávamos em direção à nossa própria morte, anos de treinamento e informação eram processados em uma decisão, em uma ação. A boa notícia é que minha tropa e eu retornamos para casa naquela noite. Lamentavelmente, no entanto, os vietnamitas que estavam em solo não conseguiram. Não havia segundo lugar.

O ativo mais importante

Um amigo meu, que é estudioso da Bíblia, costuma dizer: "Sem conhecimento, meu povo perecerá." Hoje, muitas pessoas estão sucumbindo porque não têm conhecimento sobre dinheiro. Vivemos na Era da Informação. Mesmo nas regiões mais remotas do mundo, tenho visto jovens enviando mensagens de texto enquanto manobram uma carroça. Nunca antes o mundo inteiro foi visto tão conectado e tão rapidamente.

Informação é o ativo mais importante dessa Era. Em épocas anteriores, para ser rico, você deveria possuir fábricas, fazendas de gado, minas de ouro, poços de petróleo ou edifícios. Na Era da Informação, só a informação já basta para enriquecê-lo. Você não precisa de recursos tangíveis como terra, ouro ou petróleo. Os jovens empreendedores que criaram o *MySpace* e o *YouTube* provaram isso. Com apenas alguns poucos dólares, alguma informação e a alavancagem da tecnologia, esses jovens de 20 e poucos anos tornaram-se bilionários.

Da mesma maneira, informação errada ou sem qualidade é um passivo. Informação ruim cria pessoas pobres. Uma das razões pelas quais tantas pessoas estão em constante batalha com suas finanças é simplesmente porque elas têm informações obsoletas, enviesadas, corrompidas ou erradas controlando seu ativo mais poderoso: o cérebro. Muitas pessoas estão se debatendo porque estão usando informações da Era Industrial ou Agrária na Era da Informação. Um exemplo da Era Industrial é: "Preciso de diplomas para conseguir um emprego de alto salário." Um exemplo de informação da Era Agrária é: "Terra é a base de qualquer riqueza."

As quatro épocas da humanidade

Foram quatro as épocas econômicas pelas quais passou a humanidade:

1. A Era da Caça e Coleta: Durante esse período, a fonte de riqueza era a própria natureza. As tribos perseguiam as manadas ou procuravam por comida. Se você soubesse como caçar e coletar, você sobreviveria; se não soubesse, morreria. A tribo *representava* segurança social. Em termos socioeconômicos, todos eram iguais. O chefe não tinha um padrão de vida superior ao resto da tribo. Ele até poderia comer antes de todos e ter mais esposas, mas basicamente fogo era fogo e caverna era caverna. Em termos financeiros, havia apenas uma *única* classe social. Todos eram pobres.

2. A Era Agrária. Quando os humanos aprenderam a plantar sementes e domesticar animais, a terra se tornou a fonte de riqueza. Reis e rainhas possuíam terra e todos os outros trabalhavam nela e pagavam impostos à realeza. Os camponeses nada possuíam. Em termos socioeconômicos, havia apenas *dois* grupos, os ricos e os camponeses.

3. A Era Industrial. Em 1492, Cristóvão Colombo e outros exploradores saíram em busca de rotas de comércio, terra e recursos. Para mim, foi quando a Era Industrial começou de fato. Nessa Era, recursos como petróleo, cobre, estanho e borracha significavam riqueza. Durante esse período, o valor dos imóveis mudou. Na Era Agrária, as terras precisavam ser férteis e capazes de produzir boas colheitas e criações de animais. Na Era Industrial, terras não-agricultáveis tornaram-se mais valiosas. Por exemplo, Henry Ford construiu sua famosa fábrica de automóveis em Detroit porque pôde comprar enormes pedaços de terra rochosa, sem serventia para a agricultura, por preços excelentes. Hoje, o uso industrial da terra tem valor mais significativo do que a terra para a agricultura. Em termos socioeconômicos, uma nova classe emergiu, a classe média. Havia, então, três grupos de pessoas: os ricos, a classe média e os pobres.

4. A Era da Informação. Essa Era oficialmente começou com a invenção dos computadores digitais. Nessa Era, a informação alavancada pela tecnologia é a fonte de riqueza, e recursos baratos e abundantes como silício produzem riqueza. Em outras palavras, o preço para ficar rico caiu. Pela primeira vez na história, a riqueza está disponível, acessível e abundante para todos, independentemente de onde estejam ou de como vivam. Em termos socioeconômicos, agora existem quatro grupos de pessoas: os pobres, a classe média, os ricos e os *super*-ricos. Bill Gates é o exemplo mais óbvio de super-rico da Era da Informação.

Os super-ricos

Hoje, os super-ricos podem extrair sua riqueza de qualquer Era. É possível ser um super-rico caçador/coletor como são os Maori da Nova Zelândia, com seus direitos sobre a pesca. Você também pode ser um rancheiro ou fazendeiro super-rico da Era Agrária ou um fabricante de automóveis super-rico da Era Industrial. E, como já mencionei, existem os super-ricos jovens bilionários de 20 anos da Era da Informação que se tornaram super-ricos com o uso dos recursos baratos e abundantes, da informação e de suas idéias. O laço comum entre todos eles é que a informação tornou possível a coordenação entre os recursos em nível muito mais alto e mais rápido do que nunca. É essa coordenação que cria os super-ricos.

O hiato

Ao mesmo tempo, há pessoas que estão definhando por causa de informação obsoleta ou inadequada. Há tribos indígenas que estão desaparecendo à medida que suas florestas são dizimadas. Há fazendeiros quebrando e fabricantes de automóveis despedindo milhares de trabalhadores. Grandes produtores da indústria fonográfica, prósperos e ricos no passado, estão sendo esmagados pelos downloads de música feitos pela internet.

No mundo inteiro, milhões de pessoas estão profundamente endividadas, agarradas aos últimos fiapos de segurança de um emprego e tentando imaginar como conseguirão juntar dinheiro para a faculdade dos filhos e para a própria aposentadoria. Essa batalha ocorre porque a maioria das pessoas continua a operar com idéias das Eras Caça/Coleta, Agrária e Industrial.

A informação aprofunda o *hiato* entre os super-ricos e os demais. A boa notícia é que a informação é livre e abundante. Hoje, é relativamente fácil, mesmo para os mais pobres ou mais jovens, sair do nada e conquistar super-riqueza sem ter muito dinheiro. Para ser rico hoje, você não tem de ser um conquistador que navega por novos mundos e rouba os recursos de povos indígenas. Nem precisa buscar capital na bolsa de valores para construir uma fábrica de automóveis ou empregar milhões de trabalhadores. Hoje, informação e um computador de pouco custo podem fazê-lo ir de pobre a super-rico sem que você precise sair de casa. Basta ter em mãos a informação certa.

Excesso de informação

A boa notícia é que a informação é livre e abundante. A má é que... a informação é livre e abundante. A ironia da Era da Informação é que há muito dela por aí. Hoje, as pessoas reclamam de excesso de informação. A qualquer momento que queira, a pessoa pode assistir à televisão, *navegar* na internet e falar ao telefone. Em eras anteriores, ninguém reclamaria em ter terra ou petróleo demais. No entanto, na Era da Informação, as pessoas estão reclamando de ter informações demais e de estarem sobrecarregadas justamente do ativo que pode lhes trazer super-riqueza.

Inteligência militar

No Vietnã, aprendi a respeitar o poder da informação. Eu me tornei sensivelmente mais consciente desse poder para matar, assim como para salvar vidas. Usar inteligência militar para matar não faz mais sentido para mim. Hoje, prefiro usar a informação para criar vida, e não para tirá-la.

Como oficial de informação, também tive de enfrentar sobrecarga de informação. Na guerra, a quantidade de informação que precisávamos processar era assustadora. Tivemos de aprender muito rapidamente como separar, categorizar, descartar e processar imensas quantidades de informação de origens múltiplas e variadas. Se não o fizéssemos, nós ou outras pessoas poderiam morrer.

Classificando a informação

Para lidar com o excesso de informação, os militares despendem grandes esforços em classificá-las. Sem classificação, toda informação é igual, tornando-se virtualmente inútil.

No Vietnã, aprendi a classificar as informações segundo um grupo de características.

1. Tempo. Na guerra e nos negócios, a informação pode ser útil em um minuto e obsoleta no outro. A guerra é fluida, está sempre em movimento. Assim também são os negócios e os investimentos. As tropas inimigas podem estar em um lugar hoje e a centenas de quilômetros amanhã. Em um negócio, uma vantagem comparativa pode não ter preço hoje e ser inútil amanhã.

2. Credibilidade. Precisamos saber de onde veio a informação. Nossas fontes são confiáveis e críveis? Infelizmente, no mundo do dinheiro, a maioria das pessoas obtém as informações financeiras de pessoas com quem trabalham ou com vendedores – indivíduos que também estão batalhando pelo próprio dinheiro. Eles podem ser bons, honestos, mas não são críveis ou confiáveis como fonte de informação financeira.

3. Classificação. Nas forças armadas, aprendi a separar a informação em categorias. Por exemplo, informação *top secret* só estaria disponível com senhas secretas.

No mundo dos negócios e dos investimentos, informações *top secret* são conhecidas como *insider information.* Quando o investidor comum ouve essa expressão, pensa imediatamente em ilegalidade... e, às vezes realmente é. *Inside information* é ilegal quando uma pessoa recebe informação de alguém de dentro de uma empresa listada em bolsa de valores e a usa para comprar ou vender as ações da empresa na bolsa.

Na verdade, todas as informações são *inside information*. Uma questão mais importante é o quão distante você está da informação. Quando alguém ouve uma dica quente sobre um novo produto ou sobre as dificuldades que uma empresa está enfrentando, as pessoas de dentro – ou que estão próximas – já utilizaram essas informações para fazer operações financeiras. A batalha já foi ganha e o investidor médio a perdeu.

Devo deixar claro que não encorajo nem concordo com informações ilegais. A distinção que quero fazer é sobre a importância de conseguir estar próximo da informação. Uma das razões pela qual adoro ser um empreendedor e um investidor em imóveis é que sou um *insider* legalizado que pode operar com *inside information.* Como minha empresa não é listada em bolsa, também posso contar a meus amigos o que sei e como estou investindo.

No mercado de capitais, os profissionais sabem que os amadores operam com histórias que já passaram; é assim que os profissionais fazem dinheiro. Eles ganham dinheiro com os amadores. Um exemplo é o senhor Comum, um investidor que acorda, lê o jornal com um xícara de café na mão e observa que há um fato relevante sobre sua empresa favorita. Ele então liga para seu corretor ou vai para a internet e faz uma operação de venda ou de compra. Ainda que a informação tenha apenas algumas horas de vida, o senhor Comum já está em posição de perdedor. Ele chegou tarde à festa porque nunca foi convidado para ela. Ele *não* é um *insider*. Ele é um *outsider*.

Uma das razões pelas quais o Pai Rico me encorajou a desenvolver minha inteligência financeira foi para que eu pudesse ter acesso a *inside information.* Quanto mais perto você estiver da informação, mais rico será.

4. Informação relativa. Observar as mudanças diárias da informação no campo de batalha nos tornava capazes de interpretar as informações do *passado* e do *presente* para depois fazer previsões *futuras*. Por exemplo, quando sabíamos que as tropas inimigas estavam em certa posição na terça, em outra posição na quarta e em uma posição diferente na quinta, poderíamos começar a prever para onde eles iriam e quais seriam seus objetivos. Em outras palavras, tínhamos de saber como as informações se relacionavam entre si.

No mundo dos negócios e dos investimentos, essas informações sobre passado, presente e futuro são conhecidas como *observação das tendências*.

5. Informação enganosa. Na guerra, o inimigo tentava com freqüência nos ludibriar enviando informações corrompidas. Eventualmente, eles faziam isso usando táticas de distração. Por exemplo, eles podiam mover um número enorme de tropas e equipamentos, fazendo muito barulho e poeira, apenas para nos desviar de seus motivos e objetivos reais. Ou então eles nos permitiam capturar uma tropa que nos forneceria informações erradas. Ou, ainda, usavam um espião, alguém que acreditávamos estar do nosso lado, para nos confundir com informações incorretas.

Esquema de pump e dump

O que vemos, tanto nos negócios quanto nos investimentos, é uma enxurrada de informações enganosas. Um empresário ou investidor deve permanecer em vigilância constante e resguardar-se de informações enganosas. Por exemplo, muitas vezes, um especialista em finanças lhe dirá algo e então fará o oposto. Essa pessoa pode ir à televisão e dizer que está comprando certa ação e essa informação levará outras pessoas a comprarem tal ativo, provocando aumento dos preços. Uma vez que o preço da ação suba, a pessoa que recomendou a ação vende e faz um bom lucro. É um movimento de valorizar para depois se livrar das ações que o mercado chama de esquema *pump e dump.*

O truque da mão

Outra forma de desviar a atenção é conhecida como o *truque da mão*, uma técnica que deriva de um truque de mágica. Quando um mágico dá tapinhas na cartola, seus olhos se focam no chapéu e se desviam do que ele realmente está fazendo com a outra mão, escondida atrás das costas.

Os consumidores são freqüentemente enganados por empresas da mesma maneira. Por exemplo, uma caixa de cereal que contenha a palavra *Light* pode levar um consumidor preocupado com o peso a concluir que esse cereal é adequado a ele. Mas um exame das entrelinhas pode revelar que o cereal pode não conter gorduras, mas é muito rico em açúcares.

Na área dos investimentos, um fundo de investimentos pode anunciar: "O maior retorno de todos os fundos", mas isso poderia simplesmente significar que os outros fundos não tiveram lucro algum, tampouco eles próprios. É como se vangloriar dizendo: "Peguei a sardinha maior."

Classificando informações para ficar mais rico

Há inúmeras lições que aprendi na Marinha sobre classificação de informações que são aplicáveis aos negócios:

Lição #1: Fatos* versus *Opinião. A chave para a inteligência militar é saber a diferença entre fatos e opinião. O mesmo é verdade para a inteligência financeira. Uma das razões pelas quais muitas pessoas acham que investir é arriscado é o fato de elas não saberem a diferença entre fatos e opiniões. Alguns exemplos desse tipo de palpite:

- Quando alguém diz que as ações de uma empresa subirão, é a opinião dessa pessoa, um palpite, porque se trata de um evento futuro.
- Quando alguém diz que o patrimônio de certa pessoa é de muitos milhões de dólares, é um palpite, porque nisso consiste a maioria das avaliações.
- Se uma pessoa diz, "Ele é um cara de sucesso!", é uma opinião, porque a definição de sucesso é muito relativa.

Lição #2: Soluções insanas. Uma solução insana ocorre quando uma pessoa usa uma informação que é um palpite como um fato. Na guerra, isso pode matar você. Em negócios, pode arruiná-lo. Por exemplo:

QUESTÃO: "*Por que você comprou aquela casa quando sabia que não tinha condições de possuí-la?*"

RESPOSTA: "Comprei porque meu corretor disse que ela se valorizaria muito. Pensei que poderia comprá-la, morar algum tempo nela e depois vendê-la com um bom lucro, que então resolveria todos os meus problemas financeiros."

PERGUNTA: "*Por que você casou com ele mesmo sabendo que ele era um preguiçoso imprestável e mulherengo?*"

RESPOSTA: "Bem, ele era um *gato*. Tive medo de perdê-lo e não queria que ninguém mais o tirasse de mim. Então, mesmo sabendo que ele traía suas mulheres e não gostava de trabalhar, achei que, após casar e ter nossos filhos, eu conseguiria mudá-lo."

PERGUNTA: *"Por que você permaneceu por tantos anos em um trabalho que odiava?"*

RESPOSTA: "Sempre pensei que seria promovido."

PERGUNTA: *"Por que você investe neste fundo de investimento?"*

RESPOSTA: "Porque meu chefe me aconselhou. Ele achou que era um excelente investimento."

Lição #3: Ações arriscadas. Na guerra, se você não verifica a informação e age de olhos vendados, corre risco de morte. Um investidor temerário investe baseado em opiniões. Infelizmente, isso inclui a maioria dos investidores. Dado que a maioria investe por ganhos de capitais, suas decisões se baseiam em *opiniões* sobre o futuro. Se os palpites falharem, eles perdem.

Um investidor inteligente sabe a diferença entre *fatos* e *opiniões*. Genericamente, uma pessoa que investe por ganhos de capital está investindo em palpites. Um investidor que busca fluxo de caixa investe em fatos. Se possível, um investidor inteligente investirá usando opiniões e fatos, e investirá tanto por ganhos de capital quanto por fluxo de caixa.

Lição #4: Controle sobre o ativo. Uma informação importante que sempre quero é saber quanto controle terei. No capítulo anterior sobre o QI Financeiro #4: Alavancar seu dinheiro, eu disse que era importante investir com controle antes de alavancar. Se não tenho controle, então não uso muita alavancagem. Eu controlo o valor de meus ativos ao controlar meus aluguéis. O valor de meus ativos não se baseia em avaliação do mercado, que costuma ser, em 99% dos casos, apenas uma opinião.

A razão pela qual os banqueiros, com freqüência, pedem um valor grande de entrada em um empréstimo imobiliário é, simplesmente, porque eles não confiam no valor avaliado.

Esse é o problema quando se usa uma opinião (ganhos de capital), e não um fato (fluxo de caixa), como base de avaliação. E isso não é verdade apenas para imóveis, mas para todas as classes de ativos. É por isso que, quando procuro informação financeira, preciso saber se ela é uma opinião ou um fato. A insanidade financeira ocorre quando *opiniões* são confundidas com *fatos*.

Os tolos apressados

Uma frase que adoro da música "O Jogador", de Don Schlitz, cantada por Kenny Rogers, é: "Você nunca conta seu dinheiro quando ainda está sentado à mesa de jogo." Quando alguém diz, "Meu patrimônio é..." ou "Minha casa vale...", sei que estou falando com um jogador, uma pessoa que está contando seu dinheiro enquanto ainda está na mesa do jogo. Meu Pai Rico dizia que "a razão para você não contar seu dinheiro enquanto ainda está na mesa de jogo é porque, enquanto estiver jogando, seu dinheiro não pertence a você. No momento em que você sair da mesa, o dinheiro no seu bolso é *seu* dinheiro, então você poderá contá-lo".

Hoje, milhões de trabalhadores estão contando seu dinheiro da aposentadoria enquanto ainda estão sentados à mesa do jogo. Dado que a maior parte investe em ativos financeiros e ganhos de capital, a maioria investe sem controle e na esperança de que *opiniões* se transformem em *fatos,* algo extremamente arriscado.

Isso não significa que um investidor inteligente invista apenas em fatos. Uma pessoa assim investe com base em opiniões e fatos, porque sabe que ambos podem ser valiosos. Simplificando, "um fato é algo que é provado por verificação de prova física. Uma opinião é algo que *pode ou não* ser baseada em um fato". Em outras palavras, uma opinião pode ser um fato, mas permanecerá uma opinião até que possa ser verificada. Como diria meu amigo e sócio Ken McElroy: "Confie, mas verifique."

Lição #5: Quais são as regras? Leis e regras são tipos muito importantes de informação. Muitas pessoas se atrapalham simplesmente porque desconhecem, ignoram ou quebram as regras.

Pessoalmente, nunca gostei de regras. No Vietnã, eu gostava ainda menos. Uma das coisas que eu odiava era que lutávamos segundo um conjunto de regras, e o inimigo, segundo outro. Uma regra que eu julgava ridícula na guerra era que não podíamos perseguir o inimigo além das linhas de fronteira. Então, o inimigo lutava bem perto da fronteira e depois escapava por ela para se proteger. Houve muitas vezes em que precisamos interromper a batalha porque os norte-vietnamitas cruzavam a fronteira de volta para o Laos.

Outra regra que eu não gostava era usar uniformes, dado que o inimigo não os usava. Uma das coisas mais difíceis sobre um combate é não ter a informação sobre quem é inimigo e quem não é. Um uniforme fornece essa informação.

As regras aumentam o valor dos ativos

Foi meu Pai Rico quem mudou minha atitude com relação às regras: "Se não há regras, não há ativos." Explicando um pouco mais, ele disse: "Em uma vizinhança em que as regras são quebradas, a criminalidade é alta e os valores das propriedades caem." Explicando ainda mais, ele completou: "Se você pratica um esporte e não há juízes para impor as regras, o jogo vira um caos. Se você dirige em uma estrada sem policiamento, as pessoas morrem. É por isso que as regras são importantes."

As regras podem fazer com que as pessoas fiquem muito ricas ou muito pobres. É por isso que estar informado sobre as regras é importante. Há pouco tempo, os executivos da Enron quebraram as regras; a empresa desapareceu, trabalhadores perderam seus empregos e investidores, seu dinheiro. No mundo dos investimentos, ativos diferentes possuem regras diferentes. Uma razão pela qual não gosto de fundos de investimentos é o fato de eu não gostar de suas regras, porque não tenho controle. Prefiro as regras do mercado imobiliário, porque me permitem fazer mais dinheiro e, como empresário, pagar menos impostos legalmente. Se eu aplicar as regras desse mercado no mercado financeiro, vou para a cadeia.

Para as pessoas que querem enriquecer, contratar bons advogados e contadores é muito importante. Hoje, há tantas leis, regras e regulamentos que é simplesmente impossível a qualquer pessoa comum saber ou entender de todas elas. Ainda que contratar essas pessoas possa parecer caro, os aborrecimentos que eles nos poupam e o dinheiro que nos fazem mais do que compensam as taxas que cobram.

Lembre-se de duas coisas: as regras representam uma fonte valiosa de informação sobre como o jogo do dinheiro é jogado. E, sem as regras, os ativos declinam em preço.

Lição #6: Tendências. Uma tendência se desenvolve quando um investidor obtém uma informação de um conjunto de *fatos* e então forma uma *opinião*. Eis aqui uma história de grande impacto em minha vida.

No final de 1972, o Exército Norte-Vietnamita (ENV) cruzou a Zona Desmilitarizada (ZDM). O ENV queria tomar a cidade de Saigon, conhecida hoje como Ho Chi Minh. A primeira grande cidade ao sul da ZDM era Quang Tri. Sabíamos que, se não os parássemos ali, a guerra estaria perdida.

Quando começamos a perder a batalha de Quang Tri, notei um tráfego diferente de mensagens. Uma informação era de que os sul-vietnamitas estavam trocando sua moeda corrente, o piastre vietnamita, por ouro. Considerei essa peça obscura de informação bastante interessante.

Como disse anteriormente, o dólar deixou de ser dinheiro e passou a ser moeda corrente em 1971. Em 1973, no Vietnã, observei as mudanças das regras do dinheiro por meio da informação sobre o pânico das pessoas no sul. Elas sabiam que a guerra estava perdida e que estavam do lado perdedor.

Em 1971, a onça do ouro valia $35; em 1973, vi o preço subir para $80. À medida que os norte-vietnamitas marchavam para o sul, o medo foi se aproximando do nível de pânico. Os ricos que eram aliados dos Estados Unidos estavam se preparando para fugir, mas, em vez de adquirir piastres ou dólares, eles estavam adquirindo tanto ouro quanto fosse possível. Um dos relatórios de inteligência que recebi dizia o seguinte: "Confiança perdida. Pessoas prontas para fugir. Trocando 'Ps' (piastres) por ouro."

Sentado na sala dos assuntos secretos, percebi que as pessoas queriam ouro e assumi que eles sabiam que o ouro compraria uma passagem para outro país. Pude sentir sua angústia e sabia que o ouro poderia salvar sua vida.

Eu conhecia os fatos. Os Estados Unidos estavam perdendo a guerra. Internacionalmente, o dólar estava caindo e o preço do ouro subindo. Eu soube, pelo relatório de inteligência, que o povo vietnamita estava entrando em pânico e trocando sua moeda por ouro. Para mim, essa tendência era uma oportunidade de investimento e usei-a para formar uma *opinião*.

Alguns dias mais tarde, um amigo e eu voamos para o norte, atrás das linhas inimigas, com a esperança de comprar ouro. Nossa *opinião* era que os mineiros vietnamitas estariam desesperados para nos vender seu ouro, dado que o ENV acabara de invadir sua vila. Em nossa *opinião*, os mineiros não perderiam a oportunidade de receber nossos dólares. Nossa *opinião* era que estávamos numa boa posição para comprar ouro barato. Por conta de nossa *opinião*, baseada em *fatos* novos, estávamos dispostos a quebrar algumas regras e a arriscar nossa vida simplesmente para fazer alguns dólares.

Mas, ao contrário, quase fomos mortos. Em vez de comprar o ouro barato, aprendi uma lição valiosa sobre ouro e moedas. Naquele dia, descobri que o preço do ouro, na verdade, era o mesmo em qualquer lugar do mundo. E, naquele dia, ele estava cotado a $82 a onça, não importando se estivéssemos comprando em território americano ou em território do ENV.

Estar atrás das linhas inimigas, com a esperança de comprar ouro a um preço mais baixo é um exemplo perfeito de como tornar-se mais competente por ter sido estúpido. Eu estava fazendo o equivalente a um MBA em finanças internacionais ao discutir com uma velha mulher de dentes vermelhos, manchados por mastigar uma castanha regional chamada betele, em frente a um barraco de bambu, que funcionava como escritório da mineradora. Embora eu não tenha perguntado, sinceramente, duvido que essa mulher tivesse um diploma de Harvard. Aliás, duvido que ela tivesse qualquer educação formal, mas ela foi uma grande professora. Ainda que ela não estivesse vestida para o sucesso nem me parecesse culta, ela conhecia seu negócio, principalmente quando se tratava do valor e do preço do ouro. Ela era inteligente financeiramente e bem dura de roer. Não iria deixar que dois jovens pilotos americanos a convencessem a vender seu ouro, trocando-o por dólares, os quais estavam desvalorizando rapidamente.

Até hoje lembro vividamente de estar à sua frente, implorando por um desconto de $5. Eu estava disposto a pagar $77, e não o preço mundial de $82. Em vez de pegar nosso dinheiro, ela ficava balançando a cabeça em negativa e mastigando seu betele. Ela sabia o preço e conhecia as forças econômicas locais e a geopolítica do mundo. Estava informada, atualizada e não tinha pressa alguma em vender seu ouro. Sabia, ainda, que a *tendência* estava do seu lado, e não do nosso, e que havia muitas pessoas bem mais desesperadas por seu ouro do que dois pilotos tentando fazer alguns dólares.

Quando percebi que ela não iria ceder, pensei: "Estou morto, hoje vou morrer além das linhas inimigas, pedindo por um desconto de $5. Ninguém nos encontrará. Ninguém jamais saberá o que aconteceu conosco. Seremos dados como perdidos em ação – e nem sequer estávamos em qualquer tipo de ação. E o que é pior: não vou morrer por uma causa nobre, mas sim tentando obter um desconto de poucos dólares sobre o preço de uma commodity internacional. Vou morrer porque sou ganancioso e estúpido. Se eu ficar aqui mais um instante, vou levar um tiro pelas costas, regateando um desconto com essa mulher. Sou tão estúpido que mereço morrer."

A tendência é sua amiga

Três foram as lições que aprendi naquele dia. Uma foi o poder dos mercados globais. Um mercado global significa que o preço é o mesmo no mundo inteiro. O ouro é precificado nos mercados internacionais, enquanto os imóveis são precificados no mercado local.

A velha vietnamita ganhou porque tinha informações de ambos: do mercado global e do local. Ela ganhou porque estava mais bem informada e era mais competente do que nós dois.

Hoje, entendo que tenho de saber qual é a informação local importante e qual é globalmente. Hoje, gosto de imóveis porque são ativos mais dependentes de informação local do que global. Com imóveis, posso ser o expert em minha pequena área. Com informação local, posso ser mais competente do que os grandes investidores institucionais de Nova York, Londres, Hong Kong ou Tóquio. Assim como Davi venceu Golias, um pequeno investidor com inteligência e informação de qualidade pode abater o gigante.

A segunda lição que aprendi, naquele dia, foi sobre o poder das tendências. Se eu tivesse entendido melhor as tendências e o preço do ouro, teria feito muito dinheiro, sem ter arriscado minha vida além das linhas inimigas. Eu não precisava ir além dessas linhas para investir. Nem precisava pedir um desconto. Tudo o que eu tinha de fazer era investir com a *tendência.* Poderia ter ido a qualquer lugar que negociasse ouro, em qualquer cidade do mundo, e comprado o metal pelo mesmo preço. Por volta de 1979, a tendência tinha elevado o preço do ouro para quase $800 a onça. Eu não precisava ter arriscado minha vida se tivesse confiado na tendência. Eu teria feito um monte de dinheiro sem precisar de um desconto.

A terceira e mais valiosa lição daquele dia é que informação é simplesmente informação. Inteligência é habilidade de pegar uma informação e dar significado a ela. A velha mulher de dentes vermelhos tinha a mesma informação que eu. Ainda assim, sua inteligência permitiu um entendimento e um significado que eu não tive. Ela era uma jogadora experiente e conhecia o jogo. Eu era o garoto, jogador novo, num jogo antigo.

Quando os mercados explodiram e as pessoas entraram em pânico, em agosto de 2007, pensei naquela velha mulher. A primeira coisa que fiz foi checar as tendências. Em vez de me juntar à multidão e entrar em pânico, mantive meu medo dominado e voltei a focar nas tendências do mercado, e não em seu sobe-e-desce. Revi os *fatos* e formei minha própria opinião sobre o futuro.

Procurei informações sobre o que estavam fazendo os bancos centrais. Mais uma vez, eles estavam imprimindo moedas, em vez de resolver o problema. Quando soube do *fato* de que os bancos centrais internacionais estavam injetando moeda nos mercados em crise, imediatamente percebi que a minha opinião de que o poder de compra do dólar continuava com tendência de baixa ainda era válida.

Hoje, em vez de diversificar, prefiro focar em alguns pequenos ativos, perceber uma tendência e investir com ela. Dado que eu sei que uma tendência pode reverter-se e mudar de direção, não invisto cegamente no longo prazo. A era da informação é sobre mudança e preciso ser flexível... não um robô.

Algumas das tendências nas quais estou investindo hoje são:

Tendências em petróleo. Como você sabe, quanto mais a China, a Índia e a Europa do Leste se ocidentalizam, mais aumenta a demanda por petróleo. Mesmo com a urgência de encontrar fontes alternativas de geração de energia, o petróleo continuará sendo a principal fonte de energia por muitos anos. Ainda que eu não goste dos danos ambientais que o petróleo causa, a dura realidade é que nós todos o usamos – até mesmo o mais devotado ambientalista. Acredito que a tendência de longo prazo para o preço do petróleo é de alta, possivelmente tanto quanto $200 o barril, em um futuro próximo. O preço elevado causará séria repercussão na economia mundial e mais tarde conduzirá a outras tendências, que merecem ser seguidas, à medida que tecnologias alternativas de energia, como a solar, vão avançando.

Tendências para a prata. Acredito que a prata será o melhor investimento em 2007, melhor ainda que o petróleo. Há duas razões para eu dizer isso.

A primeira é que a prata é um metal utilizado pela indústria. A prata é um metal escolhido para a fabricação de eletrônicos, e é usada em computadores, telefones celulares e outros aparelhos. Estima-se que 95% de toda a prata do mundo já foi consumida, tornando-a uma commodity cada vez mais escassa. Com o ouro, ocorre o contrário: estima-se que 95% de todo o ouro já encontrado não foi utilizado, dado que é acumulado como reserva. De muitas maneiras, isso faz com que a prata seja mais valiosa que o ouro.

A segunda razão é o fato de a prata ser também um metal precioso, uma forma de dinheiro. À medida que o dólar perde poder de compra, mais pessoas procurarão por algo que represente dinheiro real, ou que ao menos mantenha valor. Enquanto escrevo, a prata está muito barata comparada ao ouro: aproximadamente $13 a onça, enquanto o ouro está cotado em, aproximadamente, $600. Historicamente, o preço do ouro tem sido de apenas 14 vezes o preço da prata, o que significa que, se a prata estiver a $10 a onça, o ouro estará sendo comercializado a $140 a onça. Hoje, as operações estão com um diferencial de 50. Para mim, com base nas tendências históricas e no *fato* de que a prata é um metal consumível, ela tem maior chance de subir.

A prata é consumível e, ao mesmo tempo, um metal precioso, isso faz dela a oportunidade de investimento da década. Os relatórios dizem que há menos de 300 milhões de onça de prata disponíveis no planeta. Isso significa que o mundo não terá mais prata ao final de 2020. Por causa disso, alguns especialistas importantes em prata sentem que o metal se tornará tão caro quanto o ouro em apenas alguns anos. Não acredito que subirá tanto. Ainda assim, devido às tendências de oferta e demanda, acredito que investir em prata é uma oportunidade única. Hoje ela está barata. É um investimento de baixo risco que qualquer pessoa no mundo ocidental pode assumir. É por isso que observo as tendências e compro prata sempre que o preço cai. Naturalmente, posso estar errado; assim é melhor para você fazer as próprias pesquisas e descobrir as próprias informações antes de investir nessa tendência.

Tendências no mercado imobiliário. Uma das explicações para o alto preço das commodities é que o mundo precisa e quer mais moradias. A demanda por concreto na China, por exemplo, causou escassez de concreto nos Estados Unidos, que, por sua vez, elevaram o preço às alturas.

Uma das razões pelas quais adoro investir em imóveis é o fato de que, ricas ou pobres, as pessoas sempre pagarão por um teto. Na América, espera-se que a população passe de 300 para 400 milhões nas próximas duas décadas. Assim, acredito que o preço dos imóveis continuará com tendência de alta.

À medida que os imóveis se tornam mais caros e mais difíceis de adquirir e os salários caem, acredito que a tendência é aumentar o número de pessoas que procuram por imóveis de aluguel. Uma das razões pelas quais Kim e eu não entramos em pânico em agosto de 2007 foi o fato de termos imóveis alugados para fluxo de caixa; nós não vendemos imóveis. Pessoas que investem por ganhos de capital são aquelas que compram imóveis para revender.

Demografia é destino

A demografia é uma fonte muito valiosa de informação. Em outras palavras, observe as pessoas, como fiz no Vietnã, e você saberá como investir. Quando eu soube que as pessoas compram commodities caso se sintam ameaçadas ou em pânico, eu tinha uma *informação* valiosa para basear minhas *opiniões* sobre as tendências. Quando o ouro caiu abaixo de $400 a onça, comecei a comprar um pouco e passei a comprar muito, quando ele atingiu $275 a onça. Então, o preço começou a subir de novo; em outras palavras, segui a tendência de baixa e comprei muito quando a tendência se confirmou. Uma das razões para eu gostar de ouro e prata é o fato de sempre haver um mercado para eles. São relativamente líquidos e, se preciso de dinheiro, posso consegui-lo muito rapidamente.

Histórias e ciclos

Para uma menção final em tendências, é preciso ressaltar a importância da história e dos ciclos. Por ter sobrevivido inúmeras vezes ao sobe-e-desce do mercado, aprendi muito com história. Há uma tendência histórica financeira que acredito que vale a pena observar. Essa tendência é o ciclo de 20 anos entre o mercado acionário e o mercado de commodities. Como uma pessoa que navegou em petroleiros e pilotou helicópteros em busca de ouro, fiquei curioso sobre o porquê de o preço das commodities subir quando o das ações cai. Há poucos anos, encontrei um livro que foi escrito por um de meus autores financeiros favoritos, Jim Rogers, intitulado *Hot Commodities*. Rogers descobriu que o preço das ações sobe por 20 anos, ao mesmo tempo em que o preço das commodities cai.

Por exemplo, de 1960 a 1980, o preço de commodities como petróleo e ouro estava subindo. Em 1980, o preço do petróleo, do ouro, da prata e dos imóveis caiu rapidamente, enquanto o preço das ações começou a subir. Entre 1980 e 2000, o lugar para se investir era o mercado de capitais, enquanto investir em petróleo, ouro ou prata era muito ruim. Enquanto o mercado de commodities estava em baixa, eu estava comprando todo o petróleo, o ouro, a prata e os imóveis que podia. Exatamente em 2000, no auge do boom do mercado de tecnologia, o preço das ações caiu e o preço das commodities voltou a subir. Se a história se repetir, isso significa que as commodities cairão em 2020 e as ações voltarão a representar o mercado ideal para investir.

Obviamente, não tenho bola de cristal, mas a história realmente parece se repetir. E sou velho o suficiente para já ter visto algumas boas reprises.

Conclusão

Ao final, não são os ativos que fazem você rico; *informação* faz você rico... ou pobre. Por exemplo, se eu tivesse comprado ouro a $800 a onça em 1979, estaria até hoje esperando o retorno do meu dinheiro. Em face da desvalorização do dólar no período, eu teria de esperar que o ouro subisse até $1.500 para alcançar o ponto de equilíbrio, o chamado *breakeven*.

O mesmo ocorre com qualquer ativo. Por exemplo, no mercado imobiliário, os investidores perdem dinheiro devido à pouca inteligência financeira e às informações inadequadas. É por isso que, quando alguém me pergunta "Imóveis são bons investimentos?", minha resposta é: "Não sei. Você é um bom investidor?"

A maioria dos negócios falha muito mais por conta da falta de boas informações e de inteligência financeira do que propriamente pela falta de dinheiro. Quando as pessoas me perguntam "Tenho uma grande idéia para um novo negócio e estou buscando dinheiro. Você estaria interessado em investir na minha nova empresa?", minha resposta é: "Não sei. Quantos negócios de sucesso você já iniciou?"

Ser voluntário no Vietnã foi uma das coisas mais inteligentes que já fiz. Não fosse por isso, eu nunca teria encontrado aquela velha mulher mascando suas castanhas de betele. Naquele dia, atrás das linhas inimigas, ela me ensinou uma lição muito importante. Ela ganhou porque sabia que o *preço* do ouro nada tinha a ver com o *valor* do ouro. Ao compreender o que era *valor*, ela soube por que as pessoas estavam comprando e por que o ouro era tão importante para elas. Naquele dia, aprendi que não é o ativo que o torna rico... é a informação e sua inteligência que enriquecem você. Se posso perder dinheiro investindo em ouro, que é dinheiro de verdade, posso perder dinheiro em qualquer outra coisa. Naquele dia, jurei me tornar mais inteligente financeiramente, porque ela me ensinou que informação e inteligência é que fazem você rico... não o ouro.

Capítulo 8

A integridade do dinheiro

"INTEGRIDADE" É UMA PALAVRA INTERESSANTE. Eu já a escutei sendo utilizada de muitas maneiras distintas e nos mais variados contextos. Acredito que seja uma das palavras mais mal interpretadas que existem. Muitas vezes escutei alguém dizer: "Ele não tem integridade", ou "Se eles tivessem alguma integridade, seriam mais bem-sucedidos". Outros podem dizer: "A casa tem certa integridade arquitetônica." Antes de discutir a integridade do dinheiro, creio ser melhor dar minha própria definição de "integridade".

Os dicionários costumam oferecer três definições de integridade:

- *Solidez:* estar intacto, saudável, sem defeito.
- *Incorruptibilidade:* aderência firme a um código de valores especialmente morais ou artísticos, probidade.
- *Completude:* a qualidade ou o estado de ser completo, total, não dividido.

A integridade de um carro

Todas as três definições são necessárias para discutir dinheiro e integridade. Para ilustrar melhor, usarei o exemplo de integridade em um automóvel. O automóvel é feito de vários sistemas: o sistema de breques, de óleo, elétrico, hidráulico e assim por diante. Se os sistemas não estiverem operando com integridade, o carro não funcionará, não estará intacto, saudável, sem defeito. Se o sistema de combustível, por exemplo, estiver *corrompido*, o carro inteiro pára. A integridade do carro estará comprometida e destruída. O carro não mais estará *completo*.

A integridade da saúde e da riqueza

Pode-se fazer um exame similar com o corpo humano. Alguns dos sistemas do corpo humano são: arterial, respiratório, nervoso, ósseo, digestivo e assim por diante. Se a integridade dos sistemas do corpo humano não for sólida, saudável, se ela estiver corrompida por artérias entupidas, por exemplo, a saúde declina, advindo, com isso, sérias conseqüências, como doença e morte.

Assim como a *saúde* pode se desintegrar a partir da falta literal de integridade, também a *riqueza* pode ser comprometida com a falta de integridade. Em vez de doença e morte, que surgem de um rompimento da integridade do corpo, os sintomas da falta de integridade financeira são baixa renda, impostos incapacitantes, despesas altas, dívidas excessivas, quebradeira, bancarrota, aumento da violência e dos crimes, tristeza e desesperança.

Já listei as cinco inteligências financeiras. Uma vez mais, são elas:

QI Financeiro #1: Fazer mais dinheiro

QI Financeiro #2: Proteger seu dinheiro

QI Financeiro #3: Controlar o orçamento

QI Financeiro #4: Alavancar seu dinheiro

QI Financeiro #5: Melhorar suas informações financeiras

Se uma pessoa quiser enriquecer, permanecer rica e transmitir sua riqueza para as gerações seguintes, é preciso contar com a integridade das cinco inteligências financeiras.

Quando uma pessoa está enfrentando dificuldades financeiras, uma – ou mais – dessas inteligências está desalinhada, a integridade financeira não está sólida e a pessoa não está completa. Por exemplo, tenho uma amiga que ganha muito dinheiro como administradora de um pequeno negócio. O problema dela é seu próprio orçamento, que não é bem administrado. Ela gasta compulsivamente, não faz planejamento tributário e viaja cercada de luxo. Ela busca aconselhamento financeiro com seu marido e com o consultor financeiro dele. O marido é um cara legal, mas, assim como sua esposa, ele tem desafios similares com todas as suas cinco inteligências.

Os dois são pessoas simpáticas, cultas, honestas, religiosas e esforçadas. Curtem a vida e estão criando filhos sensacionais. O problema é a falta de inteligência financeira. Essa falta de integridade financeira aparece como preocupação com o pagamento de compras excessivas nos cartões de crédito, dificuldade em poupar para a faculdade dos filhos e para a aposentadoria. Esses são sintomas típicos de falta de integridade financeira.

O problema é que eles não acham que têm um problema. Eles levantam todos os dias, mandam as crianças para a escola e vão trabalhar. Voltam para casa no fim do dia, brincam com as crianças, ajudam os filhos com o dever de casa, vêem um pouco de televisão e vão para a cama. Eles sabem que algo está errado, mas preferem não descobrir o que é. Simplesmente esperam que algo mude.

Orçamento financeiro pessoal

Como a maioria das pessoas, meus amigos não fazem orçamento para controlar a contabilidade pessoal. Sequer sabem o que é isso ou por que é importante. Como a maioria dos estudantes, meus amigos saíram da faculdade sem saber como utilizar crédito com sabedoria. Sem um orçamento, eles não conseguem saber exatamente como está sua situação financeira, o que pode estar errado e onde é que eles estão fora da integridade financeira. Sem um orçamento e sem as cinco inteligências financeiras, pode tornar-se bem difícil determinar o que está errado e o que precisa ser corrigido.

Em minha opinião, é aqui que a *falta de integridade* começa – no sistema escolar, no QI Financeiro #5: Melhorar suas informações financeiras. Desde que começou a se requerer das pessoas que cuidassem da própria aposentadoria, o sistema escolar deveria ter adicionado educação financeira ao currículo escolar. A falta de educação financeira no currículo das escolas está abalando a integridade financeira das pessoas ao redor do mundo.

Reflexos da integridade financeira

"Meu banco nunca me pediu meu histórico escolar", dizia meu Pai Rico. A razão pela qual os bancos não pedem para ver seu relatório de desempenho acadêmico é o fato de eles estarem em busca de inteligência financeira, e não acadêmica. É por isso que eles querem informações sobre sua vida financeira, porque isso é um reflexo de sua integridade financeira, o equivalente a um *relatório de desempenho financeiro.*

Os bancos procuram dados relacionados às cinco inteligências financeiras. Obviamente, eles querem saber se você sabe fazer dinheiro, protegê-lo, fazer orçamentos, alavancar e querem, também, saber o quão informado você é.

Sem integridade financeira

Se uma pessoa está sem sua *integridade financeira* – demonstrada por dívidas excessivas, falta de orçamento, gastos que ultrapassam os ganhos, nome no cadastro de devedores –, o banco provavelmente não desejará ter essa pessoa como cliente. É uma questão de *integridade profissional* deles.

Na crise dos mercados em 2007, ficou claro que as instituições financeiras americanas não possuíam integridade financeira. A ganância tomou o lugar das práticas saudáveis de crédito. A economia não pode expandir com base unicamente no crédito. Ao falhar em ensinar sobre dinheiro e disseminar a inteligência financeira nas escolas, o sistema cria adultos despreparados para enfrentar nosso admirável mundo novo. Bilhões de adultos, em toda parte do mundo, não controlam a contabilidade pessoal, não conseguem *ler* a demonstração financeira das empresas e não conhecem as condições financeiras do próprio país. Isso representa um dano para a *integridade educacional.*

Valor intrínseco

Warren Buffett não diversifica. Em vez disso, ele procura por companhias que possuam *valor intrínseco*, empresas com integridade financeira. Ele quer saber se a empresa reúne as cinco inteligências financeiras. De maneira muito simplificada, o que Buffett quer é uma resposta às seguintes perguntas:

1. A empresa é capaz de fazer mais dinheiro?
2. A empresa tem um nicho exclusivo?
3. A empresa administra bem seu dinheiro e seus recursos?
4. O negócio da empresa pode ser alavancado e expandido?
5. Ela é administrada por um time de profissionais inteligentes e bem informados?

Em termos ainda mais simples, *valor intrínseco* significa:

1. Nicho. Corresponde ao fato de a empresa ter uma competência básica, algo que lhe permitirá fazer dinheiro em tempos bons ou ruins. A Coca-Cola se encaixa nesse quesito. As pessoas sempre beberão água açucarada, não importa se a água pura é ou não melhor para elas.

Uma grande vantagem da Coca-Cola é sua marca, que é protegida por lei. Você deve se lembrar que a inteligência financeira #2 é proteção. Nesse caso, Warren Buffett gosta desse produto porque é uma marca legalmente protegida, e não apenas uma commodity, uma mercadoria como qualquer outra. Ser uma marca famosa, protegida e defendida dos piratas aumenta o valor intrínseco da Coca-Cola.

A marca *Pai Rico* é protegida por lei em todos os países com os quais fazemos negócios, o que dá a meu produto um valor intrínseco maior. Muitos autores escrevem livros, mas falham em construir uma marca. Como você sabe, Harry Potter é uma megamarca. Assim como Donald Trump. Se você não é uma marca, então é uma commodity. Uma marca tem maior valor intrínseco e mantém esse valor, uma marca precisa ser fiel à sua mensagem e aos seus clientes.

Há poucos anos, uma famosa distribuidora de valores me abordou e pediu que eu endossasse seus produtos. Embora a proposta de remuneração fosse significativa, preferi recusar. Para mim, endossar uma administradora de fundos de investimentos não seria fiel à marca *Pai Rico*; poderia significar falta de integridade, o que diminuiria o valor intrínseco da marca. Além disso, eu não poderia fazer isso sem falsidade.

2. Alavancagem. Esse ponto separa os pequenos proprietários de negócios dos grandes. Por exemplo, se sou médico, fica difícil alavancar meu valor se meus pacientes vêem a meu consultório apenas para me ver. Mas, se o mesmo médico descobriu algum tipo de cura ou inventou algum remédio, então a inteligência médica desse profissional pode ser *alavancada* por meio de algum produto.

Há muitos proprietários de pequenos negócios e profissionais que não são capazes de se alavancar porque *eles* são o produto. A maioria dos empregados recai nessa categoria. Eles não sabem como alavancar seus serviços e trocam tempo por dinheiro.

Muitos de nós conhecemos músicos que trabalham muito, mas não ganham dinheiro simplesmente porque falham em alavancar seus talentos. Existem por aí muitos músicos que produzem um CD, que é uma forma de alavancagem, mas não são capazes de alavancar a distribuição e a venda de seus CDs. É por isso que programas de calouros são tão populares. As pessoas que acham que podem cantar querem a alavancagem das cadeias de TV nacionais, mesmo sob o risco de serem ridicularizadas.

3. Expansão. Uma vez que um produto ou um negócio pode ser alavancado, a próxima pergunta que Buffett faz é: "Até onde a alavancagem pode ir?" Buffett adora Coca-Cola porque a alavancagem se estende ao redor do mundo. Ele costuma dizer: "Toda vez que alguém, em algum lugar do mundo, bebe uma Coca, ganho algum dinheiro."

O livro *Pai Rico, Pai Pobre* foi minha alavancagem. Em vez de ensinar pessoalmente, meu livro e meus games podiam fazer isso por mim. A tarefa seguinte foi expandir o mercado dos produtos vendendo para países diferentes, imprimindo os livros e os jogos em línguas diferentes. Isso foi feito licenciando os direitos de fabricar os produtos *Pai Rico* para diversas empresas em partes diferentes do mundo. Em vez de ter minha própria editora e distribuir meus produtos, tenho editores em 109 países que fazem isso por mim. Esse é meu exemplo de alavancagem e de expansão.

*4. **Previsibilidade.*** O que Warren Buffett quer saber é quão previsível é a receita da empresa. Ele não quer picos nem vales na lucratividade. Ele quer saber se ela virá continuamente, chova ou faça sol.

Uma das razões para eu gostar de meus condomínios de apartamentos é que, chova ou faça sol, o dinheiro não pára de entrar. Não estou preocupado se o preço do mercado imobiliário está subindo ou caindo; quero meu dinheiro entrando 24 horas, 7 dias da semana, vindo de todos os lugares do mundo e também do aluguel de meus apartamentos.

É por isso que Buffett não *diversifica*; em vez disso, ele foca no *valor intrínseco* do negócio. Para reconhecer o valor intrínseco, são necessárias as cinco inteligências financeiras. Quando uma empresa tem valor intrínseco, também tem integridade. Quando uma empresa tem integridade, ela tem maior chance de crescer e de permanecer rentável, apesar das mudanças nas condições econômicas.

Antes de investir em uma empresa, um investidor profissional analisa as demonstrações financeiras do negócio. O que esse profissional procura é a integridade da empresa. O mesmo vale quando um investidor de imóveis compra um condomínio de apartamentos. Quando você sabe a taxa interna de retorno (TIR), você sabe seu valor intrínseco.

O problema para a maioria das pessoas, devido à ausência de educação financeira nas escolas e à inabilidade de ler relatórios financeiros, é que elas não sabem se a empresa ou o imóvel em que estão investindo possuem *integridade financeira* e *valor intrínseco*.

A linguagem dos negócios

Buffett costuma dizer: "A contabilidade é a linguagem dos negócios." Se você não conhece a linguagem, é difícil dizer se o negócio tem integridade. Acredito firmemente que a inteligência financeira e a capacidade de falar a linguagem dos negócios são cruciais em um mundo de ganância e de integridade questionável.

A integridade financeira dos governos

As cinco inteligências financeiras também deveriam ser requeridas dos governos. Os governos necessitam fazer dinheiro, proteger seu dinheiro, controlar orçamentos, alavancar e procurar pelas melhores informações financeiras. Se um governo opera com integridade, tanto ele quanto seu povo florescem. Mas, se não tem integridade, tanto ele quanto seu povo enfrentam sérios desafios e empobrecem. Impostos altos e dívida excessiva são sinais de que o governo está em conflito com sua integridade financeira.

A era da integridade

A história sempre se repete. Nossos líderes e educadores estão conscientes do que acontece quando os governos violam a integridade do dinheiro. Copérnico, em 1517, escreveu que a inflação era um dos vilões que debilitavam os reinos. Em 1776, Adam Smith disse que a inflação causa "a mais perniciosa subversão das fortunas das pessoas físicas". O alerta de Smith tornou-se verdade mais recentemente na Alemanha, quando Hitler subiu ao poder, depois que o governo de Weimar subverteu a integridade da moeda alemã.

Pessoalmente, acredito que tanto os Estados Unidos quanto o mundo estão se encaminhando para uma tempestade. Após termos ficado por muito tempo desviados da integridade, acredito que forças financeiras, políticas, ambientais e espirituais demandarão que o pêndulo se mova em outra direção. Não sei o que acontecerá exatamente, mas creio que já pode ter começado.

Infelizmente, os super-ricos – aqueles que mais se beneficiam do atual sistema – serão os menos afetados pela crise financeira que está vindo. Será o resto de nós que sofrerá as forças da natureza e que virá a ser chamado para fazer o melhor possível a fim de combater o *furacão*. Os pobres sofrerão mais.

A boa notícia é que os problemas nos tornarão mais competentes, isso se os encararmos com coragem e não fugirmos. Em cada problema, existe uma gema de sabedoria que nos torna mais inteligentes, mais fortes e mais capazes, não importando as condições econômicas.

Uma notícia ainda melhor é que alguns governos já estão começando a implementar cursos de educação financeira em seus sistemas educacionais. Prevejo que o país que tiver a melhor educação financeira conduzirá o mundo a uma nova era de prosperidade econômica. Afinal de contas, essa é a Era da Informação.

Aumente seu valor intrínseco

Nesse meio-tempo, é importante para cada um de nós se preparar para a tempestade que vem por aí.

Minhas recomendações são:

1. Coloque a casa em ordem. Assim como um marinheiro prepara seu navio para a tempestade, prepare seu barco financeiro para o mar revolto. Dê uma olhada nas cinco inteligências financeiras e pergunte-se em qual delas você precisa melhorar. Qual é seu maior problema? Foque nessa inteligência e não tente resolver todas as cinco de uma vez. Isso seria exaustivo. Acredito que você descobrirá que todas as cinco estão relacionadas. Assim, focando em apenas uma, você eventualmente melhorará todas as outras. Em seu próprio compasso, aprenda um pouco todos os dias. Lembre-se sempre de que ninguém se torna um profissional de golfe em um dia.

Ao aumentar as cinco inteligências financeiras, você aumentará a integridade financeira e o próprio valor intrínseco. Se você não está seguro do que deve fazer, não tenha medo ou vergonha de pedir ajuda. No próximo capítulo, sobre habilidade financeira, descrevo o quanto dependi de pessoas inteligentes para me ajudar. Ninguém está isento disso.

2. Invista em ativos com valor intrínseco. Dê outra olhada em alguns critérios que Warren Buffett adota para estabelecer o valor intrínseco de um negócio. Então, para praticar, pergunte a si próprio quais negócios a seu redor atendem a esses requisitos. Se você ainda não investe, esse é um excelente exercício para aumentar seu QI Financeiro.

Valor intrínseco do mercado imobiliário

Uma das razões pelas quais gosto de imóveis é que sou capaz de ver, tocar, sentir muito do valor intrínseco das propriedades. Lembre-se sempre de que a maioria dos imóveis não é um bom investimento. O bom exercício, não importa se você tem dinheiro, é visitar muitas propriedades e *sentir* seus valores intrínsecos.

Uma das belezas do mercado imobiliário é a criatividade. Por exemplo, posso usar a criatividade para buscar financiamentos, fazer melhorias ou aumentar o valor da propriedade. A criatividade não é uma vantagem quando escolhemos ações ou compramos fundos, mas em imóveis a criatividade, somada à integridade, pode enriquecer você.

Recolher as velas

Como nos ensinaram na Marinha, quando um temporal se aproxima, é hora de *recolher as velas*, ou seja, preparar-se para um momento difícil, precavendo-se de todas as formas possíveis. Isso significa proteger a integridade do navio. Em meus poucos anos no mar, tive a chance de navegar por três tufões. Ainda hoje, posso ver as ondas monstruosas, verdadeiras montanhas de água açoitando o navio inteiro. Posso ver, sentir e ouvir o navio rangendo, invadido pelas águas, reemergindo de sob as ondas, extenuando-se para manter a integridade estrutural. Fico feliz com o fato de os engenheiros terem projetado um navio fabuloso e de a tripulação, por ter sido bem treinada, estar preparada para enfrentar as tempestades.

Creio que o caos aumentará quando a Era Industrial acabar e a Era da Informação assumir o controle. À medida que o preço do petróleo aumenta, o dólar desvaloriza-se, a China e a Índia começam a produzir carros e aviões, os empregos das manufaturas desaparecem, as corporações mudam de países, os aposentados esperam pelos benefícios do governo, o terrorismo e as dívidas aumentam, os problemas anteriormente varridos para debaixo do tapete ficarão expostos. Na Era da Informação, seus maiores ativos serão as cinco inteligências financeiras.

Acredito que a integridade financeira do mundo será mais desafiada do que nunca antes na história. Acredito nisso porque tem havido muita ganância, desinformação e corrupção na administração de nossos negócios, governos e escolas. O olho do furacão ainda está alguns anos à frente. Por isso use esse tempo para se preparar. E seja corajoso, porque será estimulante. Será uma época fantástica para tornar-se ainda mais rico, mas você terá de mostrar-se destemido e desenvolver suas habilidades financeiras.

Capítulo 9

Como desenvolver sua habilidade financeira

EU NÃO SABIA QUE NÃO era *inteligente* até o dia em que fui para a escola. Por 17 anos, do jardim-de-infância até a faculdade, a escola era uma luta. Sempre fui considerado um aluno *médio*. Não importava em qual série eu estivesse, sempre havia alguma criança mais esperta do que eu, mais talentosa e mais sagaz. A escola parecia fácil para essas crianças. Para mim, foi muito difícil. O único "A" que recebi foi na área de marcenaria porque adorava trabalhar com as mãos. Construí um barco para meu projeto de classe, enquanto meus colegas faziam tigelas de salada para suas mães.

Eu também não sabia que era *pobre* até que fui à escola. Quando eu tinha 9 anos, minha família se mudou para outro bairro e fui para uma escola de crianças ricas. Curiosamente, nesse lugar havia duas escolas de ensino fundamental na mesma rua, uma em frente à outra. De um lado da rua, ficava a *Union School*; do outro lado, a *Riverside School*. Ambas eram escolas públicas. Uma escola para os ricos e a outra para os filhos dos trabalhadores.

Originalmente, a *Union School* atendia as crianças do sindicato dos trabalhadores de antigas plantações agrícolas. Já a *Riverside* era a escola para as crianças dos proprietários e administradores. Fui para a *Riverside School* porque a casa que minha família vivia ficava, por acaso, do lado da rua próxima ao rio.

Ainda que eu tivesse apenas 9 anos, tinha consciência de que meus colegas de sala na *Riverside School* tinham um padrão de vida superior ao da minha família. Muitos de meus colegas ricos viviam em um condomínio isolado conectado por uma ponte sobre o rio. Todas as vezes que eu cruzava essa ponte para brincar com eles, sabia que estava entrando em um mundo diferente.

Do outro lado da ponte, meus colegas de sala viviam em casarões antigos e imponentes. Do meu lado da ponte, as casas eram muito mais simples. A casa em que eu vivia fora construída para os antigos lavradores. Os pais dos meus colegas de sala eram proprietários de suas casas; meus pais alugavam. Muitos dos meus colegas de sala tinham mais de uma casa. Muitos deles possuíam casas de veraneio com praias particulares. Já minha família, quando ia para a praia, ficava em praias públicas abarrotadas. Meus colegas de sala *freqüentavam* o Iate Clube e o Country Clube; eu *trabalhava* no Country Clube.

Embora ricos, meus colegas e as respectivas famílias não eram esnobes. Eram pessoas amigáveis e muito envolvidas com a comunidade. Eu despendia boa parte do meu tempo com eles em suas casas de praia, em seus barcos ou viajando em seus aviões. Eles não entesouravam sua riqueza; compartilhavam-na. Para eles, ser rico parecia natural – e não algo especial. Era simplesmente um estilo de vida, eu é que achava que era especial. Às vezes, eu me sentia desconfortável e dolorosamente consciente do padrão de vida que nos separava.

Com 12 anos, meus amigos ricos foram para as escolas privadas e continuei na escola pública, dessa vez com os meninos da *Union School.*

Eu também não sabia que era desengonçado até que fui para a escola. Na adolescência, todas as garotas que eu queria namorar não se interessavam por mim. Eu não era descolado. As garotas populares estavam interessadas nos *bad boys* que eram mais velhos, que andavam em grupos e tinham carros possantes. Embora eu estivesse começando a jogar no time de futebol americano e fosse surfista, eu não era descolado, não era um *bad boy* e não possuía um carro esporte. Eu era tímido, gordo e dirigia uma perua bege da família, definitivamente nada descolada.

Em 1974, quando eu estava saindo da Marinha com a idade de 27 anos, sabia que queria ser rico, dirigir carros possantes e namorar belas garotas. Ainda que eu tivesse crescido, perdido minha cara rechonchuda de infância e me tornado mais forte, na minha cabeça eu ainda era o garoto tímido sem muito dinheiro. Eu sabia o que queria, mas não sabia como chegar lá.

Eu sabia que queria ser um empresário e investir em imóveis, mas não tinha nem dinheiro nem o talento que julgava necessário. Quanto mais eu pensava a esse respeito e comparava a vida que eu queria com a que tinha, mais percebia que meus professores estavam corretos: eu era apenas *mediano*. Não tinha grandes talentos ou habilidades, nem era esperto. Se fosse para enriquecer, precisaria descobrir uma forma de estar no mínimo *acima* da média em cada aspecto de minha vida.

Não viva aquém de suas possibilidades

Os consultores financeiros advertem as pessoas para *gastar menos do que ganham* e *diversificar*. Para muitas pessoas, isso soa como um conselho inteligente. O problema em seguir esse conselho é que você acabará uma pessoa *medíocre* porque esse é um conselho *medíocre*. Não é exatamente um mau conselho, mas é *medíocre*. Além disso, quem quer viver aquém de suas possibilidades?

No ensino médio, os estudantes começam a focar em sua força acadêmica e fazer cursos mirando uma carreira futura bem remunerada. As crianças são constantemente pressionadas a estudar muito e buscar boas notas. Após a graduação, muitos partem para as pós-graduações e os MBAs. Muitos médicos, após anos de exaustão na faculdade de medicina, partem para mais alguns anos de especializações.

A maioria de nós sabe que, para ser bem-sucedido na escola e ter carreiras bem remuneradas, é preciso focar e estudar muito, além de buscar especializações. Ainda assim, quando se trata de dinheiro, as pessoas são aconselhadas a *diversificar* e gastar menos do que ganham, em vez de se *especializar* e *viver em um padrão mais alto de vida.*

Quando saí da Marinha, eu não queria um emprego medíocre, nem queria viver aquém das minhas possibilidades. Para mim, é assim que as pessoas medíocres vivem. Eu não queria dirigir um carro *mediano* nem viver em uma vizinhança *mediana*. Também sabia que *diversificar* faria com que o retorno dos meus investimentos ficasse *abaixo da média*. Eu sabia que precisava *focar* se quisesse um *padrão de vida mais alto*... um padrão de vida semelhante ao de meus colegas que viviam do outro lado da ponte.

Quando olhei para o mundo no qual eu estava prestes a reentrar após quatro anos de escola militar e cinco anos de Marinha, percebi que a maioria das pessoas trabalhava duro para estar profissionalmente acima da *média*, mas acabavam financeiramente abaixo da *média*.

Decidi que a melhor maneira de vencer os estudantes de nota "A", as crianças ricas, os professores que me chamavam de *mediano* e as garotas que não estavam interessadas em mim era me tornar rico. Não estava zangado com eles; apenas cansado de ser *medíocre*. Percebi que poderia me tornar mais rico do que a maioria das pessoas porque, quando se tratava de dinheiro, a maioria estava seguindo estratégias e conselhos financeiros *abaixo da média*.

Por que os especialistas recomendam diversificação?

Como diz Warren Buffett: "A *diversificação* é uma proteção contra a *ignorância*. Ela faz muito pouco sentido para aqueles que sabem o que estão fazendo." Buffett também comentou sobre os administradores financeiros: "Profissionais de outras áreas, digamos dentistas, são importantes para as pessoas leigas. Mas, no agregado, as pessoas não extraem dos administradores profissionais de finanças benefício algum para o próprio dinheiro."

Quando muitos desses profissionais recomendam diversificação, creio eu, eles o fazem buscando proteger-se do próprio desconhecimento do mercado. Suspeito que Warren Buffett estivesse se referindo a conselhos financeiros *abaixo da média* de especialistas *abaixo da média*, para investidores *abaixo da média*.

Warren Buffett adota uma estratégia financeira diferente. Ele não diversifica; foca. Procura por grandes empresas, de alto valor e bons preços. Ele não compra uma série de empresas e reza para que elas dêem certo. Buffett não quer retornos médios nem especular com o mercado de capitais. Ele gosta de controlar as empresas, mas não de administrá-las. Quando Warren Buffett fala sobre investimento, suas palavras-chave são *valor intrínseco*, e não *diversificação*.

Uma das razões pelas quais os consultores financeiros recomendam diversificação é que eles não conseguem encontrar boas empresas, não têm controle sobre elas e a maioria sequer sabe como se administra um negócio. Eles são empregados, e não empreendedores como Buffett.

Não está diversificado... mas acha que está

Tenho dois colegas de classe que estudaram em Stanford, ambos com doutorado. Ambos têm emprego de altos salários – um trabalha para um grande banco e o outro para uma empresa de petróleo. Depois da crise do mercado de capitais que se seguiu ao 11 de setembro, ambos perderam muito dinheiro, ainda que estivessem diversificados. Ao longo dos anos, conversei com eles individualmente e perguntei sobre suas estratégias de investimento, e eles responderam: "Eu investia em uma carteira bem diversificada de renda fixa e de renda variável."

Embora não tivesse dito isso, gostaria de ter apontado que eles não estavam verdadeiramente diversificados. *Ao invés disso, estavam investindo 100% em ativos financeiros, principalmente no mercado de ações.* Eles não tinham investimentos em imóveis, não eram donos de negócio, nem de commodities como petróleo. Quando o mercado desmoronou, tudo desmoronou. Eles não estavam diversificados, mas achavam que estavam. Tinham um QI acadêmico *acima da média*, mas um QI Financeiro *abaixo da média.*

Encontrando suas habilidades

De 1974 a 1984, construí e reconstruí diversos negócios. Estava determinado a me tornar um empreendedor. Exatamente como um bebê, que levanta e cai um sem-número de vezes antes de aprender a andar, levantei e caí muitas vezes antes de caminhar como um verdadeiro homem de negócios. Fiz isso porque quis aprender a ser um *insider*.

De 1984 a 1994, passei a ser um empresário da educação, porque me interessei em saber como as pessoas aprendiam. Embora não gostasse da escola, eu curtia aprender. Além disso, queria muito saber por que sempre me sentira meio estúpido em sala de aula. Durante 10 anos, Kim e eu construímos uma empresa de educação que ensinava sobre empreendedorismo e sobre investimentos em nossos escritórios da Austrália, Canadá, Nova Zelândia, Cingapura e Estados Unidos.

Nessa época, fiz as coisas de modo diferente, quase o oposto do que as escolas tradicionais ensinam. Em vez de criar um ambiente em que apenas um ou dois estudantes se sobressaíam, produzi um espaço onde *todos* pudessem se sentir capazes e aprender. Em vez de competir, os alunos cooperavam. Em vez de ter estudantes que me escutavam falar, criei jogos para ensinar assuntos específicos que, longe de ser maçante, pediam participação ativa dos estudantes adultos, desafiados o tempo inteiro.

Desenvolvi um tablado de jogo chamado *CASHFLOW*, o primeiro jogo a ensinar contabilidade e investimento ao mesmo tempo. Como você sabe, contabilidade pode ser o assunto mais tedioso da face da Terra e investimentos, o mais assustador. Quando estão combinados em um jogo, o aprendizado torna-se desafiador e divertido. A pessoa pode jogar mil vezes e ainda aprender algo novo. Lancei o jogo oficialmente em 1996.

À medida que eu aprendia mais sobre a mente humana e como ocorre o aprendizado, descobri diversas características perturbadoras sobre nosso sistema escolar. Uma delas é que nosso sistema atual de ensino, na verdade, danifica o cérebro infantil. Em outras palavras, até mesmo o estudante com menção "A" pode ser podado pelo sistema educacional. Quanto mais eu estudava e praticava técnicas diferentes de ensino, mais compreendia as respostas que estava buscando, até que, finalmente, acabei descobrindo por que eu era constantemente rotulado de estúpido ou, no máximo, *mediano*.

Várias inteligências

Em minhas pesquisas, descobri um livro de Howard Gardner, *Inteligências Múltiplas: a Teoria na Prática*, no qual aprendi que existem sete inteligências:

1. lingüística
2. lógico-matemática
3. musical
4. sinestésica
5. espacial
6. interpessoal
7. intrapessoal

Seu livro validou o que eu intrinsecamente já sabia: que simplesmente as inteligências não eram reconhecidas pelo sistema escolar, que trabalha, predominantemente, com as inteligências lingüística e lógico-matemática. Essa é uma das razões pelas quais repeti a disciplina Inglês, minha língua nativa, duas vezes, no ensino médio. Eu não podia escrever, soletrar ou pontuar. Eu não tinha inteligência lingüística nem lógica.

Em meu primeiro ano na Academia da Marinha, língua inglesa tornou-se meu assunto predileto, porque tive um professor fantástico. Não fosse por ele, hoje talvez eu não escrevesse livros. Meu professor de inglês na Academia tinha grande habilidade interpessoal, razão pela qual pude relacionar-me com ele. Em vez de me repreender, ele me inspirava e eu o respeitava muito. Podíamos falar de pessoa para pessoa, e não de professor para estudante. Em sua classe, eu queria ser inteligente e queria aprender. Em vez de outro F em inglês, recebi um B.

Preciso de segurança

Mais tarde, como oficial no Vietnã, minha inteligência intrapessoal me manteve vivo. A inteligência intrapessoal é a habilidade de controlar suas emoções e completar seu trabalho, mesmo que seja de alto risco. Muitas pessoas não são bem-sucedidas financeiramente porque sua inteligência intrapessoal é deficiente. Com freqüência, pessoas com inteligência intrapessoal limitada dizem: "Preciso de segurança no trabalho" ou "Isso soa muito arriscado". Esses são exemplos das emoções controlando os pensamentos, e não de controle da inteligência intrapessoal.

Como estudei muito sobre Gardner e sua teoria das inteligências múltiplas, percebi que os estudantes "A" são aqueles que têm altas inteligências lingüística e lógico-matemática. Ler, escrever e fazer cálculos eram atividades fáceis para eles, mas muito difíceis para mim. Eu lia e escrevia vagarosamente e gostava de matemática apenas quando estava medindo algo como meu barco ou, então, contando meu dinheiro. A força de minha inteligência era espacial, sinestésica e intrapessoal. Por isso, eu me dava mal, mesmo não me sentindo ameaçado quando os professores me diziam que eu *não conseguiria um bom emprego se não obtivesse boas notas.*

A essa altura, você talvez queira se perguntar em qual das sete inteligências é mais forte. Procure listá-las em ordem, a primeira sendo a mais alta e a sétima a mais fraca.

As três partes do cérebro

Credita-se a Albert Einstein a seguinte frase: "A imaginação é mais importante do que o conhecimento." Como um empresário do conhecimento, fiz muitas pesquisas sobre as diferentes partes do cérebro. Colocando isso de forma excessivamente simplificada, temos três partes básicas em nosso cérebro, ilustradas a seguir.

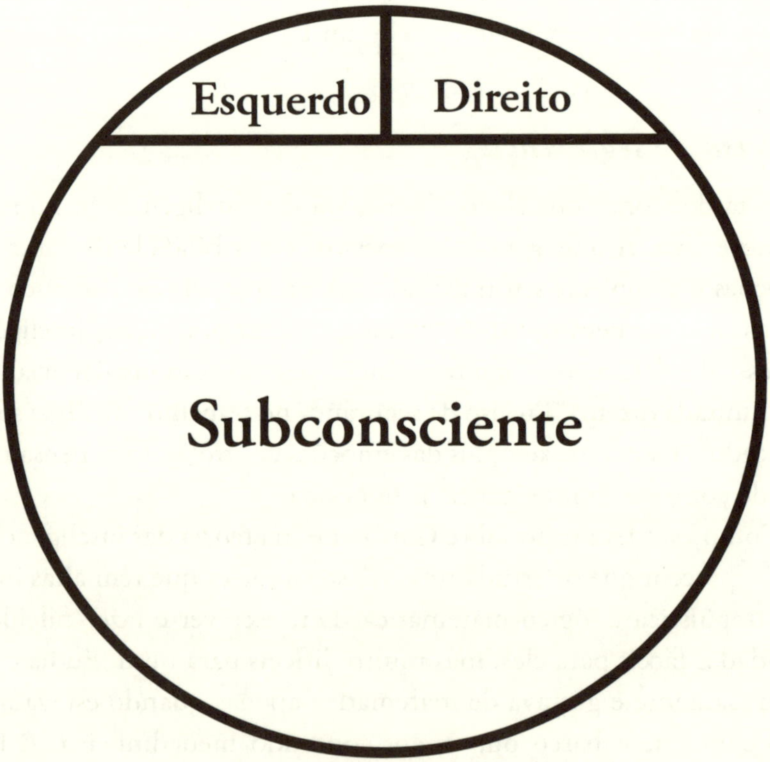

1. O cérebro esquerdo. Em geral, essa parte do cérebro é usada para a fala, a escrita, a leitura e a lógica. Crianças que se dão bem na escola possuem o cérebro esquerdo muito desenvolvido. De acordo com o trabalho das múltiplas inteligências de Gardner, o cérebro esquerdo estaria mais associado às inteligências responsáveis por lingüística, pensamento lógico-matemático e relacionamentos interpessoais. Boas profissões para essas pessoas: escritor, cientista, advogado, contador e professor.

2. O cérebro direito. Esta parte do cérebro é freqüentemente associada a pintura, arte, música e outros relacionamentos não-lineares que usam a criatividade e a imaginação. As inteligências musical e espacial, de acordo com Gardner, estariam mais associadas ao cérebro direito. As profissões para as pessoas com essas inteligências dominantes são desenhistas, arquitetos e músicos.

3. O cérebro subconsciente. Este é o mais poderoso dos três cérebros porque inclui o cérebro freqüentemente chamado de *primitivo*. O cérebro primitivo é o que mais se parece com o cérebro de um animal. Ele não pensa, mas reage, luta, foge ou paralisa. No trabalho de Gardner, a inteligência intrapessoal seria a que mais se relaciona com a mente subconsciente. Em minha opinião, é a inteligência intrapessoal de uma pessoa que, no final, determina se ela será um sucesso ou um fracasso na vida, no amor, na saúde e nas finanças. É por isso que a mente subconsciente é a parte mais poderosa do cérebro, especialmente em situações de pressão.

A mente subconsciente também afeta nossas ações corporais por meio da inteligência sinestésica. Por exemplo, no jogo de golfe, a pressão pode fazer com que o jogador paralise e perca o buraco, ainda que seja muito fácil.

Subconscientemente, a pessoa pode paralisar e nada fazer por medo de cometer um erro ou ficar em um emprego por segurança, e não por amor ao trabalho. Pessoas com alta inteligência intrapessoal têm a habilidade de controlar o desejo do cérebro subconsciente, de lutar, de fugir ou congelar. Ao invés de fugir, eles podem decidir que o melhor a fazer é congelar. Se estiverem congelados, podem escolher lutar. A questão é: eles têm a inteligência de escolher a resposta subconsciente apropriada. Se estiverem irritados, podem falar calmamente; se estiverem amedrontados, podem controlar seu medo.

As pessoas raciocinam diferentemente quando seu subconsciente é controlado pelo medo. Se as pessoas estiverem apavoradas, podem dizer: "Não posso fazer isso. E se eu falhar?" Ou ainda: "Isso é arriscado." Compare isso com uma pessoa que esteja em uma condição subconsciente de luta que poderá dizer: "Vou mostrar a eles. Conseguirei aquele contrato, apenas para mostrar que posso."

Aprender a escolher seu estado mental subconsciente, antes de pensar e de tomar decisões, é muito importante. Quando estava no Vietnã, eu me sentia melhor, voava melhor e estava mais confiante quando, subconscientemente, escolhia lutar.

Assim, escolha seu estado subconsciente antes de usar seu cérebro esquerdo e direito. Muitas profissões que requerem controle intenso do estresse são mais adequadas a pessoas com forte inteligência intrapessoal. É o caso de policiais, médicos e enfermeiras de pronto-socorros, bombeiros e soldados que precisam de alta inteligência intrapessoal. Eu diria que os empresários também precisam de um elevado nível dessa inteligência.

Qual cérebro controla suas finanças?

Fiquei curioso sobre o funcionamento do cérebro porque queria saber a explicação para muitas pessoas dizerem uma coisa e fazerem outra. Por exemplo, às vezes pergunto às pessoas: "Você quer ser rico?" A maioria responderá, com base em seu cérebro esquerdo lógico: "Sim, quero ser rico." O problema não está em seu cérebro esquerdo, mas sim no cérebro subconsciente que diz: "Você não! Você nunca será rico!" Ou: "Como você pode ser rico se não tem dinheiro!"

Na maioria dos casos, é o medo subconsciente de falhar que impede as pessoas de agirem. É esse medo de falhar que os professores usam para motivar as pessoas na escola. Recordo-me de meus professores dizendo: "Se você não tirar boas notas, não conseguirá um bom emprego." Em algum momento, mais tarde na vida, quando os alunos "A", que conseguiram os bons empregos, querem fazer alguma mudança em sua carreira, o medo os impede e os mantêm prisioneiros de uma situação.

Tenho um amigo que é advogado brilhante e foi um estudante exemplar em Harvard. Hoje, ele quer mudar de profissão, mas simplesmente não consegue. Ele teme fazer algo novo por medo de falhar, de não conseguir dinheiro suficiente. Costuma me dizer: "Tenho sido advogado por tanto tempo que não sei o que mais posso fazer. Quem irá me pagar tudo aquilo que ganho?" Meu amigo tem o cérebro esquerdo brilhante, o cérebro direito subdesenvolvido e o cérebro subconsciente fora de controle.

A mente subconsciente é tão poderosa que controla nossos vícios. Veja os fumantes, por exemplo: a maioria quer parar. Podemos explicar logicamente, para o cérebro esquerdo deles, todos os efeitos danosos do cigarro e, ainda, mostrar ao cérebro direito fotos horripilantes de câncer de pulmão. Mas, se o cérebro subconsciente quer fumar, a pessoa fuma. De muitas maneiras, o cérebro subconsciente controla sua vida, não importa se você é um estudante *A* ou *F*. Quando se trata de dinheiro, pode ocorrer, em muitas pessoas, uma intensa batalha interior de cérebros. É esse conflito que induz as pessoas a viverem *aquém de suas possibilidades* quando, na realidade, o que elas querem é melhorar *seu padrão de vida e serem ricas.*

Como professor de empreendimento e finanças, encontro muitas pessoas cultas, altamente diplomadas, que são viciadas em ser *pobres*. Algo em seu cérebro as mantém pobres. Em vez de transformar tudo o que tocam em ouro, tudo o que elas tocam acaba se transformando em chumbo.

A batalha dos cérebros

Como professor, essa batalha dos cérebros aguçou minha curiosidade. Fiquei intrigado com o conflito entre a mente lógica e a ilógica. Percebi que a verdadeira educação não é simplesmente uma questão de ensinar a ler, escrever e memorizar respostas. Percebi que a educação verdadeira precisa alinhar o poder dos três cérebros para ser efetiva. Em vez dos três cérebros trabalhando um contra os outros, eles precisam trabalhar juntos. Se uma pessoa puder alinhar e desenvolver os três cérebros, terá uma chance maior de sucesso no mundo real.

O problema com a educação tradicional é que ela foca apenas em uma parte do cérebro, a esquerda. Em outras palavras, você pode ser um gênio do cérebro esquerdo, mas um idiota no subconsciente. Você pode saber o que fazer com o cérebro esquerdo, mas estar apavorado, no subconsciente, por ter de realmente fazer. E o pior de tudo é que muitas pessoas saem da escola com capacidade de ler, de escrever e fazer cálculos, mas completamente apavoradas com a possibilidade de fracasso. Então, no mundo real, procuram por segurança, e não por oportunidades. Ensina-se a essas pessoas o valor do conhecimento em detrimento da imaginação – prejudicando a habilidade de integrar todas as três partes do cérebro. Após anos de empenho para serem os melhores alunos, essas pessoas ouvem dos consultores financeiros, no mundo real, que devem *diversificar* e *gastar menos do que ganham*. Para um cérebro subconsciente temeroso, esse conselho soa inteligente e lógico. Então, por anos a fio, elas enviarão uma porção de seus salários aos especialistas financeiros, com a esperança de que, ao menos, eles saibam o que estão fazendo. Concomitantemente, o mais rico investidor do mundo, Warren Buffett, diz: "Diversificação é proteção contra a ignorância." E realmente é.

Um mundo governado por cérebros esquerdos

O mundo é governado pelo cérebro esquerdo das pessoas. O problema é que essas pessoas acham que só há um cérebro e uma única inteligência. Muitas não têm consciência das outras partes do cérebro e da possibilidade de outros tipos de inteligência.

No mundo das finanças, essas pessoas acreditam que fazer dinheiro é uma fórmula numérica, uma equação matemática.

Aprenda a vencer usando os dois lados do cérebro

Certa vez, Warren Buffett disse: "Você tem de pensar por si próprio. Sempre me intriga o fato de as pessoas de alto QI imitarem negligentemente as demais."

Como empresário da educação, comecei ensinando meus alunos a pensar *fora da caixa* e a criar, em vez de imitar. Fiquei surpreso ao perceber o quão assustador era esse processo de ensino para muitos dos meus alunos. A maioria fora induzida pelo medo a necessitar de segurança no trabalho, a buscar uma fórmula mágica para investir e a evitar erros. Romper os laços desse medo foi a parte mais difícil do meu trabalho. Essas pessoas eram inteligentes, bem-sucedidas e cultas e queriam fazer mudanças. Elas não eram pobres, fracassadas ou sem educação formal.

Meu trabalho como professor foi mostrar-lhes como usar sua inteligência e todos os seus três cérebros para vencer financeiramente. Eu chamava meus programas de negócios de "Aprender a Vencer Usando seu Cérebro Inteiro". Para chamar a atenção das pessoas, eu dizia com freqüência: "Estudantes *A* trabalham para estudantes *C* e estudantes *B* trabalham para o governo." Obviamente, isso não agradava aos estudantes *A*, mas eles superavam isso quando eu explicava a lógica que estava por trás de minhas descobertas.

O dialeto dos pobres e da classe média

Recentemente, os neurocientistas descobriram que o cérebro tem neurônios especializados em imitar, são os chamados neurônios-espelho. Muitos desses cientistas acreditam que essa descoberta é mais importante do que a descoberta do DNA. O neurônio-espelho, em termos excessivamente simples, é como um macaco imitando o outro. Isto é, nosso cérebro é programado para imitar o que nós vemos os outros fazerem. Isso explica por que administradores de fundos investem nas mesmas ações, por que pessoas pobres continuam pobres – mesmo após receber muito dinheiro – e por que uma criança criada na Inglaterra falará inglês com sotaque diferente de uma criança nascida nos Estados Unidos ou na Austrália.

Os neurônios-espelho do sotaque e dos dialetos limitam o escopo de mundo e as pessoas com as quais nos associamos. Muitas crianças passam por dificuldades quando saem do Havaí porque seu dialeto é o *pidgin*, uma mistura de havaiano com inglês. Muitas das crianças da *Union School* falavam pidgin, já as crianças do *Riverside* eram proibidas de falar esse dialeto. Acredito que isso fez uma tremenda diferença em minha vida e foi a razão pela qual fui para Nova York, e não para a University of Hawai.

No mundo dos negócios e dos investimentos, as pessoas pobres falam o dialeto dos pobres. Em vez de usar a linguagem dos negócios e dos investimentos, eles dizem coisas como: "Programas de governo, bolsa-família e previdência social." Já a classe média tem um dialeto diferente. Eles dizem: "Diversifique e gaste menos do que ganha." Buffett, o investidor mais rico do mundo, costuma dizer: "Não é que eu queira dinheiro simplesmente; é o prazer de fazer dinheiro e de vê-lo crescer." Esse é o exemplo de um dialeto diferente refletindo um neurônio-espelho diferente.

Cada grupo fala um dialeto diferente. Da mesma maneira, as pessoas ricas falam um dialeto diferente. É uma questão de cérebros diferentes e de neurônios-espelho diferentes. Foi por isso que cruzar a ponte aos 9 anos foi crucial para mudar minha vida e é a razão pela qual não *diversifico* nem *vivo aquém das minhas possibilidades*. É por isso que mesmo quando estava falido eu não dirigia carros populares, não usava roupas baratas, nem morava em bairros de baixa renda. É uma questão de neurônios-espelho e de padrão de vida.

Hoje, os neurocientistas acreditam que os neurônios-espelho representam a parte mais poderosa do aprendizado de nosso cérebro. Na sala de aula, isso explica por que alguns estudantes são os favoritos dos professores. Como a maioria das salas de aula é liderada pelo cérebro esquerdo das pessoas, elas tendem a favorecer as crianças com as mesmas inteligências. Por outro lado, esses professores tendem a não gostar das crianças que são artísticas, musicais, criativas, atletas ou que não sejam facilmente intimidadas. Quando chega a hora da faculdade, a maioria das crianças que não têm inteligência lingüística e lógica matemática já desistiu. Elas foram rotuladas e eliminadas. Infelizmente, as crianças que são eliminadas freqüentemente saem da escola sentindo-se estúpidas. Imagine se isso acontecer com você ainda na infância. Como esse rótulo afetará o resto de sua vida?

Num experimento conduzido por Robert Rosenthal, professor de Harvard, e por Lenore Jacobson, em 1976, foi dito a professores participantes que certas crianças em suas salas eram gênios, embora não fossem. Em quase todos os casos, essas crianças receberam notas excepcionalmente altas. Em outras palavras, os pesquisadores descobriram que o que mais influenciava o aprendizado da criança era a percepção do professor sobre sua inteligência. No mundo dos investimentos, isso é chamado de *viés*; nas relações raciais, isso é conhecido como *preconceito*. Esse é um exemplo do impacto dos neurônios-espelho.

Em termos simples, os neurônios-espelho significam que nosso cérebro é como os transmissores e os receptores de televisão. Ainda que não estejamos fisicamente falando uns com os outros, nosso cérebro está se comunicando em níveis muito profundos. Por exemplo, quando entramos em uma sala, a maioria de nós pode imediatamente perceber quem gosta de nós e quem não gosta, ainda que nada seja dito. A pior parte é que aprendi que, se não me sinto bem comigo mesmo, as pessoas não se sentirão bem comigo. Em muitos casos, a outra pessoa está apenas mandando de volta a sensação que transmiti. Em outras palavras, se acho que sou um fracassado, as outras pessoas pensarão exatamente o mesmo.

A boa notícia é que podemos mudar a percepção que os outros têm de nós, alterando a percepção que temos de nós mesmos. Isso pode ser feito por meio da adaptação de nossos neurônios-espelho. Não é fácil, mas pode ser feito. Por exemplo, se eu não tivesse alterado minha autopercepção, nunca teria encontrado e me casado com uma mulher linda como a Kim; alguém como Donald Trump não seria meu amigo e eu não teria segurança financeira hoje. Se eu não tivesse mudado conscientemente minha autopercepção, provavelmente ainda seria a mesma criança tímida, gorda, pobre e estaria falando inglês pidgin. Ainda que eu tivesse me graduado em uma escola muito boa, saí sem me sentir inteligente, achando que havia pessoas com as quais eu nunca me compararia. Eu sempre seria *mediano*.

Sempre que fazia uma entrevista de emprego, a primeira pergunta que me faziam era em qual escola eu estudara e se tinha um diploma de mestrado, com o qual teria melhores chances de ser contratado. Ainda que eu estivesse no mundo dos negócios, eu ainda me sentia na sala de aula, em um mundo dominado pela inteligência do cérebro esquerdo. Em 1974, quando trabalhava na Xerox, tendo prometido à empresa que eu faria meu MBA, comecei a pesquisar o cérebro e as diferentes formas de aprender e ensinar. Eu estava procurando uma maneira de vencer com meus próprios termos, não com os deles.

Por ter sido criado em uma família de professores, percebi que a medida de sucesso para eles era: a escola que a pessoa freqüentava e a quantidade de diplomas que tinha. No mundo dos grandes negócios, era exatamente a mesma coisa. Na maioria das grandes corporações, os empregadores querem o *pedigree* do prestígio que vem junto com o diploma das escolas de primeira linha. No mundo dos grandes negócios, a escola que você freqüentou pode lhe dar o melhor emprego, o melhor cargo e o melhor salário. Esta é a medida de sucesso.

No convívio com meu Pai Rico, percebi que sua medida de sucesso era: quanto dinheiro ele ganhava, com quais pessoas ele convivia, a liberdade de trabalhar ou não e a quantidade de empregos que ele podia gerar. Logo percebi que era melhor decidir rapidamente qual a medida de sucesso que eu queria para basear minha vida. Como eu achava que não poderia vencer no jogo do meu Pai Pobre, ou seja, boas escolas e bons empregos em grandes corporações, decidi que teria uma chance melhor de ganhar no jogo do meu Pai Rico. Foi quando minha verdadeira educação começou.

Decidi seguir os passos do meu Pai Rico, como empreendedor e investidor do mercado imobiliário. Eu sabia que teria melhores chances nessas áreas, porque a maioria dos estudantes *A* está empregada e investe em ativos financeiros. Como eu era um estudante *C*, percebi que precisava usar todos os meus três cérebros, e não apenas o meu esquerdo, se quisesse vencer.

As questões para você são:

- Qual é sua medida de sucesso?
- Onde você tem a melhor chance de vencer?
- Seu cérebro está treinado para vencer?
- Seus cérebros estão trabalhando em conjunto ou estão trabalhando contra você?

Duas desvantagens

Ao longo dos anos, descobri que existem duas desvantagens para as pessoas com relação ao dinheiro. São elas:

1. Nossas escolas não ensinam sobre dinheiro. Mesmo os estudantes *A* deixam as escolas sabendo muito pouco sobre dinheiro. Além disso, por meio da descoberta científica recente dos neurônios-espelho, a maioria de nós aprende sobre dinheiro com pessoas que não são financeiramente inteligentes. É por isso que muitas pessoas acabam tendo aspirações de classe média, isto é, viver dentro de suas possibilidades, poupar dinheiro e manter-se longe das dívidas.

2. Nossas escolas não fortalecem a mente subconsciente. Na verdade, em vez de educar, as escolas dependem do medo para motivar, ameaçam em vez de ensinar, imitam em vez de inovar, punem erros em vez de encorajar iniciativas; realçam a segurança, e não o pensar grande, e dizem aquilo que a pessoa quer ouvir, e não aquilo que a pessoa precisa ouvir.

Devido a esses fatores, as pessoas *compram* quando deviam *vender*, *poupam* quando deviam *gastar*, *gastam* quando deviam *poupar*, *amedrontam-se* quando deviam ter *coragem* e são *corajosas* quando deviam *sentir medo*.

O cérebro subconsciente acha que é inteligente. O problema é que ele pode ser seu maior amigo ou seu pior inimigo. É preciso uma pessoa com inteligência superior para retroceder e objetivamente determinar qual é o cérebro que está falando... o amigo ou o inimigo. Quando se trata de assuntos altamente emocionais como dinheiro, sexo, religião e política, é necessário ter um intelecto evoluído para ser capaz de se desprender e se expandir, de escutar objetivamente e, então, pensar com clareza com ambos os cérebros, esquerdo e direito.

Veja a seguir alguns exemplos desses comportamentos descontrolados, irracionais e financeiramente tolos do cérebro subconsciente:

1. Quando as pessoas reagem em massa, movidas pelo pânico e piorando ainda mais certas crises do mercado. O pânico vem do cérebro subconsciente. Copiar – ou mimetizar – advém do receio de ser diferente, então as pessoas fazem a mesma coisa, ao invés de serem criativas ou arriscarem pensar de outra maneira que difere das demais.
2. Quando recebem um aumento ou algum tipo de dinheiro inesperado, as pessoas freqüentemente gastam mais porque se sentem bem, ao invés de liquidar suas dívidas. Eu soube de um homem que recebeu $1 milhão de herança de seus pais. Imediatamente ele comprou uma casa enorme e dois carros novos, inclusive usando crédito. Ao invés de largar as dívidas ruins, ele endividou-se ainda mais. Hoje, ele está sem dinheiro, tentando ao menos salvar a casa.
3. Quando a economia desacelera, o “Departamento de Prevenção de Vendas” de muitas empresas assume o controle. Quando as vendas caem, a maioria das empresas corta os custos com propaganda e marketing, com promoções e vendedores. Ao invés de *poupar*, em situações assim a empresa precisa *gastar*. Numa economia ruim, as empresas precisam gastar ainda mais com propaganda e promoções, contratar ainda mais vendedores, oferecer maiores incentivos de vendas e serem mais criativas. Mas, no lugar do *Departamento de Expansão de Vendas*, é o *Departamento de Prevenção de Vendas* que costuma assumir o controle. Quem lidera o *Departamento de Prevenção* são as pessoas que usam primordialmente o cérebro esquerdo, como contadores, advogados, empregados assalariados, geralmente pessoas com o cérebro esquerdo forte, mas o cérebro subconsciente

aterrorizado. Quando essas pessoas assumem, muitas outras perdem seus empregos. Em minha opinião, quando os tempos são difíceis, é no Departamento de Prevenção de Vendas que deveria ocorrer uma redução do número de empregados.

O problema com o cérebro subconsciente é que ele é *reativo*, não é inteligente e não é capaz de pesar os prós e os contras.

Argumentando com um idiota

É impossível conversar usando a lógica para argumentar com uma pessoa que esteja usando seu cérebro subconsciente. Esse cérebro não é lógico, não pensa, pode apenas *reagir*. O problema é o seguinte: quando alguém está falando com o uso do cérebro subconsciente, ainda pensa que está sendo lógico e inteligente. Por exemplo, quando sugiro que um empreendedor gaste ao invés de poupar durante um período de recessão, na maioria das vezes o cérebro subconsciente assume e dá ao empreendedor as razoes lógicas pelas quais ele deve cortar despesas, despedir empregados e entrar no *modus operandi* de poupar. Para a maioria dos empresários, isso é lógico e inteligente. Eles nem pensam em aprender mais. Suas decisões estão tomadas, o cérebro está bloqueado para novas idéias.

Se você insistir, a mente se torna defensiva. Se a muralha da defesa se formar, ao invés de fugir, eles querem lutar. Querem defender suas decisões e mostrar que estão certos. Ao invés de aprender, tornam-se idiotas. O problema em argumentar com um idiota é que rapidamente são dois idiotas a discutir: você e o outro.

Uma das razões pelas quais os pobres se mantêm pobres é o fato de eles terem uma mente subconsciente pobre. Quando falo com pessoas que estão enfrentando desafios financeiros, muitas defendem seu direito de ser pobre. Elas dizem coisas como: "Prefiro ser feliz a ser rico", ou então, "Você precisa trapacear para enriquecer". Se você argumenta com eles, em uma tentativa de abrir sua mente a novas idéias, seus cérebros subconscientes fecham-se ainda mais, em autojustificativa, e em breve são dois idiotas em uma discussão acalorada.

Situação similar ocorre com muitos empregados e altos executivos que gostam de seu trabalho, mas na verdade desejariam fazer outra coisa.

Ao invés de fazerem o que querem, sua mente subconsciente aparece com razões lógicas e coerentes da razão pela qual eles não deveriam fazê-lo. Quando são informados sobre os altos impostos que estão pagando na condição de empregados altamente remunerados, eles replicam: "Bem, todos temos de pagar impostos." Quando pressionados e informados sobre investimentos melhores, com maiores retornos e menos impostos, eles replicam: "Isso parece arriscado." Eles fecham sua mente a novas possibilidades porque sentem medo. Se você argumenta, novamente aparecem os *dois idiotas*.

Para mudar sua vida... mude de ambiente

Em minhas pesquisas sobre educação e formas de aprendizagem, tornou-se claro que o *ambiente* é o mais poderoso de todos os professores. É por isso que a recente confirmação da existência dos neurônios-espelho é tão importante. A ciência está, afinal, descobrindo aquilo que muitos de nós já sabemos: para mudar sua vida, é preciso primeiro mudar seu entorno.

A maioria de nós sabe que, se quiser perder peso, terá maior chance de sucesso se for à academia, e não a um restaurante. Se quisermos estudar melhor, provavelmente é melhor estar em uma biblioteca silenciosa do que tentar estudar dirigindo um carro (coisa que já vi algumas pessoas fazendo). Se quisermos relaxar, saímos do trabalho e vamos para a praia ou para a montanha. E, se você quer enriquecer, precisa encontrar um ambiente que contribua para isso e fortaleça todos os três cérebros. Ironicamente, trabalho e escola não são ambientes propícios para a maioria das pessoas.

O poder dos entornos

Se você quiser ficar mais rico e ser mais bem-sucedido, é fundamental encontrar um ambiente que permita o crescimento de todos os seus cérebros e onde eles tenham o tempo necessário para se desenvolver.

Em 1974, percebi que nunca seria contratado para trabalhar para um estudante "A". Um médico ou um advogado, por exemplo, nunca me contratariam porque eles precisam de pessoas inteligentes acadêmica e profissionalmente. Um médico não quer uma enfermeira atrapalhada nem um advogado quer um assistente incompetente.

Como eu era um estudante *C*, precisava encontrar um jeito de ter um estudante *A* trabalhando para mim. Foi quando decidi ser igual ao meu Pai Rico, e não ao meu Pai Pobre. Como meu Pai Rico, tornei-me empresário e investidor do mercado imobiliário, e não como meu Pai Pobre, que fora um estudante *A*. Resolvi me tornar um empresário porque aprendo muito lentamente e sabia que precisaria de tempo para me desenvolver. Eu não estava procurando formas de enriquecer rapidamente, mas sim um ambiente que combinasse com a lentidão de minha capacidade de aprender.

Outra razão importante para eu me tornar um empreendedor foi a possibilidade que tive de me cercar de pessoas competentes. Sei que não sou bom em lingüística ou matemática; desse modo, precisava de pessoas assim para compor minha equipe. Ainda sou um escritor *mediano*, continuo *mediano* em matemática e sou terrível com detalhes. Quando se tratava de esportes, eu sabia que era muito melhor em esportes de equipe como futebol, rúgbi e remo. Não sou muito bom em esportes individuais como golfe ou tênis. Sabendo disso, parecia lógico que eu deveria me cercar de pessoas competentes e que também gostassem de pertencer a uma equipe.

Descobri da pior maneira que muitas pessoas inteligentes não trabalham bem em equipe, razão pela qual elas se saem muito bem na escola, fazendo as próprias provas. No meu mundo dos negócios, sou testado diariamente, mas não como um indivíduo. Faço testes juntamente com um time de pessoas preparadas e inteligentes. Em outras palavras, minhas habilidades vêm de uma equipe. A questão é: você atua melhor como indivíduo ou quando está em equipe?

Faça à sua maneira

Isso não significa que eu esteja dizendo que você deva ser um empresário ou um proprietário de imóveis. Não estou lhe dizendo que você deva fazer o que faço. O que estou dizendo é que você talvez deva considerar um ambiente em que a aprendizagem seja facilitada para, assim, melhorar suas chances de vencer financeiramente. Encontre o próprio lugar e a própria maneira de ser bem-sucedido financeiramente. Se você quer se tornar um jogador profissional de golfe, então precisa, obviamente, despender muito tempo nos campos de golfes engajando os neurônios-espelho de seu cérebro no aprendizado com os melhores profissionais que puder encontrar.

A razão pela qual a descoberta dos neurônios-espelho é tão importante para mim é o fato de que, desde 1974, despendi a maior parte do tempo com grandes empresários e investidores imobiliários. Eu estava constantemente procurando oportunidades para fazer negócios com essas pessoas. Por isso, escrever um livro com Donald Trump, em 2006, foi tão importante para mim. Mais do que o livro, foi a oportunidade de aprender pelos neurônios-espelho ao despender meu tempo com um grande homem. Com Trump, elevei minhas perspectivas de negócios e de padrão de vida a um novo patamar... foi quase como cruzar a ponte para a casa de meus amigos quando eu tinha 9 anos.

Encontrando o ambiente certo

Hoje, muitas escolas de negócios me chamam para falar em suas classes de empreendedorismo. Uma pergunta que sempre é feita pelos alunos refere-se à inteligência financeira #1: Fazer mais dinheiro: "Como encontro investidores?" Ou: "Como levanto capital?"

Compreendo bem essa questão porque foi algo que me assombrou quando deixei a segurança da Xerox para me tornar empreendedor. Eu não tinha dinheiro e ninguém queria investir em mim. Os grandes capitalistas de riscos não estavam batendo à minha porta.

Minha resposta para os estudantes é: "Simplesmente faça. Você faz porque tem de fazer. Se você não fizer, então estará fora. Hoje, ainda que eu tenha dinheiro suficiente, tudo que faço é levantar capital. Isso é tudo que meu amigo Donald Trump faz. Levantar capital é o trabalho dele. Esse é o trabalho número 1 de qualquer empresário. Como empresários, nós levantamos capital de três grupos de pessoas: clientes, investidores e empregados. Como empresário, seu trabalho é fazer com que seus clientes comprem seus produtos. Se você conseguir com que seus clientes comprem seus produtos, seus investidores lhe darão um monte de dinheiro. E, se você tem empregados, seu trabalho é fazer com que produzam e lhe dêem um lucro 10 vezes maior do que o salário que você paga a eles. Se você não conseguir fazer com que seus empregados produzam 10 vezes mais do que você paga a eles, então estará fora do negócio, e se você estiver fora, então não precisa mais levantar dinheiro algum."

Obviamente essa não é a resposta que a maioria dos MBAs está esperando. Eles esperam pela fórmula mágica, pela receita secreta de bolo, pelos planos de riqueza instantânea. Muitos professores se contorcem com essas perguntas porque não são empreendedores, embora ensinem empreendedorismo. A maioria ainda precisa de um emprego fixo, com salário e a possibilidade de se aposentar. Mais uma vez, é o efeito dos neurônios-espelho, que não concordam com pensamentos opostos, os quais, por sua vez, causam esses estertores. Por isso, muitas escolas de negócios preferem trazer presidentes de grandes corporações para falar, pessoas que são empregadas, e não empresárias.

Os olhos são o espelho da alma

Enquanto compartilho meus pontos de vista sobre como levantar capital, costumo observar os olhos dos alunos. Em 70% a 90%, vejo medo. Os olhos ficam vidrados e a respiração, rasa. O sangue flui do lado esquerdo do cérebro para o direito e dali para o cérebro primitivo, a parte mais antiga do cérebro subconsciente. Em oposição, cerca de 10% da sala, em burburinho, sorri. Eles gostam da minha resposta. Seus olhos ficam mais brilhantes e o entusiasmo torna-se evidente. Eles sabem que podem vencer e superar seus colegas de classe. Eles sabem que podem se transformar em empresários e, apesar de um ambiente em que o medo do fracasso viceja, todos os seus três cérebros estão, naquele momento, deflagrando o alinhamento.

O cone do aprendizado

Em 2005, a Arizona State University fez um estudo sobre a viabilidade do meu jogo, ensinando contabilidade e investimento a estudantes de administração. Os resultados foram extremamente favoráveis e positivos, concluindo que os estudantes, na verdade, aprenderam mais rápido e retiveram conhecimento por mais tempo do que quando aprendiam de outras formas.

A universidade também me apresentou ao Cone do Aprendizado, ilustrado na figura a seguir:

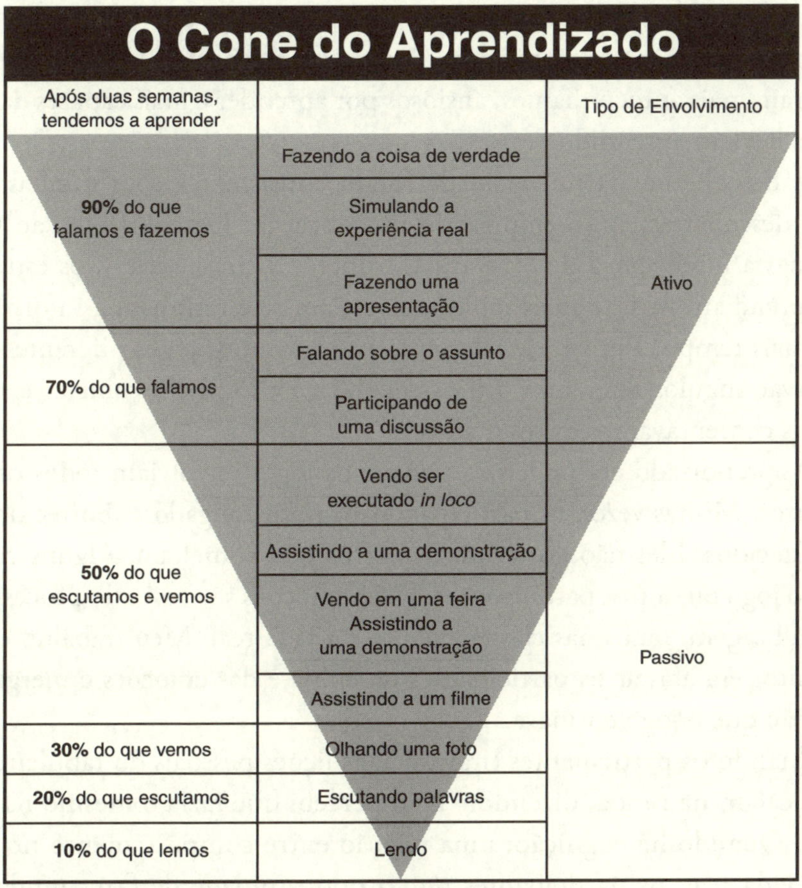

Fonte: *Métodos Audiovisuais de Ensino*, 3ª edição, Dale, 1969. Reimpresso com autorização da Wadsworth, uma divisão da Thomson Learning: www.thomsonrigths.com.

A segunda melhor maneira de aprender

Como você pode apreender do gráfico, a pior maneira de aprender é ler e a segunda pior é assistir a uma aula ou uma palestra... as maneiras mais populares de ensinar nas escolas tradicionais. No topo do cone, está "fazer a coisa de fato". Quando eu disse aos alunos do MBA para simplesmente sair e fazer, muitos deles congelaram. Obviamente, há um hiato entre ler, falar e sobreviver no mundo real.

O estudo da Arizona State University apontou que logo abaixo da vida real estão as simulações e os jogos. O estudo confirmou o Cone de Aprendizagem e que nosso jogo era a segunda melhor maneira de aprender sobre contabilidade e investimentos utilizando a lógica do cérebro esquerdo combinada com a criatividade do cérebro direito. Em vez de ser amedrontador subconscientemente, aprender foi divertido e motivador. Os estudantes se sentiram mais autoconfiantes, ansiosos por aprender e mais capazes de usar o que haviam aprendido.

As descobertas da universidade foram consistentes com minhas próprias descobertas como empresário da educação. Descobri que, ao focar na quarta inteligência de Howard Gardner – a sinestésica –, os estudantes aprendiam mais, e mais rápido, divertiam-se e retinham a informação por mais tempo. Em vez de falar apenas, jogávamos jogos diferentes para observar ângulos diferentes. Eu os encorajava a jogar e a cometer erros, e depois comentávamos os resultados.

O aprendizado era poderoso porque os jogos envolviam todos os três cérebros. Muitas vezes, os participantes ficavam zangados, aborrecidos ou entristecidos. Eles não gostavam dos erros que cometiam. Alguns culpavam o jogo ou outros participantes. Essas emoções são parte do processo de aprendizagem, tanto nas classes quanto na vida real. Meu trabalho como instrutor era afastar os participantes da culpa e das emoções e mergulhar na lição que o jogo ensinava.

Quando os participantes tiravam suas lições pessoais do tabuleiro, alguns caíam na risada, dizendo: "Não percebi que fazia o mesmo na vida real." Quando há cognição, uma relação entre comportamento no jogo e na vida real, os participantes têm a oportunidade de fazer mudanças se quiserem. Naquele momento da cognição, o momento do "Eureka!", todos os três cérebros estão trabalhando juntos. Uma vez que isso ocorra, o participante está freqüentemente aberto para aprender ainda mais e crescer.

Mude seu ambiente... mude sua vida

Como um empresário da educação, tornou-se aparente para mim que o *ambiente* era o mais poderoso dos professores. Percebi que podia ensinar e informar, mas, se o participante voltasse ao entorno anterior, diminuía o efeito daquilo que eu havia ensinado. Em outras palavras, se uma pessoa voltasse para o trabalho onde os erros eram punidos e a criatividade suprimida, o que eu havia ensinado tinha pouco valor. O ambiente antigo venceria!

Há um velho adágio que diz: "Se eu soubesse onde vou morrer... eu não iria para lá." Hoje, sei que há milhões de pessoas em ambientes que não são os melhores para o aprendizado, para a saúde e o desenvolvimento pessoal. Ao invés de se tornarem mais ricas, elas ficam prisioneiras de seus escritórios e de suas casas. Ao invés de procurarem o sucesso, a maioria vive em ambientes que recompensam a mediocridade, a ausência de erros. Como disse Tudor Jones: "As pessoas aprendem com os erros, não com os sucessos."

Encontrando suas habilidades

Para as pessoas desenvolverem seus talentos, precisam encontrar o ambiente que apoiará o desenvolvimento de suas habilidades. O ambiente de Tiger Woods, por exemplo, é o campo de golfe. Ele não teria se saído bem se fosse jóquei. Donald Trump encontrou sua força no complicado e difícil mundo imobiliário de Nova York. Aquele ambiente o desafiou, ensinou-lhe muita coisa e permitiu que ele desenvolvesse seus talentos.

Não é um processo fácil. Como você provavelmente sabe, Tiger Woods trabalha arduamente para ser o gênio do golfe que é. O mesmo acontece com Donald Trump, que trabalha duro para ser um gênio do mercado imobiliário. Se você já viu os prédios que Trump constrói em Manhattan, ou ao redor do mundo, entende seu dinamismo. Oprah sobrevive e floresce no árduo ambiente da televisão.

Uma das razões para muitas pessoas não desenvolverem seus talentos é a preguiça. Muitas delas vão ao trabalho simplesmente para coletar uma folha de pagamentos no fim do mês. É mais fácil para elas serem *medíocres* do que trabalhar arduamente para desenvolver suas habilidades.

Minha pergunta para você é: "Qual talento você acha que possui e qual é o melhor ambiente para desenvolvê-lo?" Outra questão importante: "Você tem coragem de mudar seu ambiente?" Tente imaginar seu futuro se fizer essa mudança.

Para muitas pessoas, a resposta a essas questões é "Eu não sei", ou simplesmente "Não". Para a maioria das pessoas, estar confortável é mais importante do que descobrir e desenvolver seus talentos. É muito mais fácil ser mediano, trabalhar duro, receber um salário, poupar algum dinheiro, diversificar em fundos de investimentos e viver dentro de suas possibilidades. Se você é assim, então continue fazendo o que vem fazendo.

Cada um de nós é diferente. Todos nós temos forças e fraquezas. É por isso que não recomendo que todos façam o que fiz. Ainda que seja muito fácil ser um empreendedor, sei bem que ser um empreendedor rico não é fácil. O mundo está cheio de empreendedores *medianos*. O mesmo é verdadeiro para o mercado imobiliário. O mundo está cheio de investidores desse mercado que não fazem muito dinheiro.

Meu ponto é: todos nós temos um talento ou uma habilidade única. Se as pessoas querem se tornar ricas, talvez até super-ricas, elas precisam encontrar um entorno que permita que suas habilidades sejam desenvolvidas e aplicadas. Isso não é fácil, mas pode ser feito se você se dedicar e tiver garra para vencer. No mundo real, dedicação e garra são mais valiosas do que boas notas.

Ambientes que fazem você ficar rico

Se você quiser ser mais rico, é importante procurar, continuamente, elevar o nível de seu ambiente. É por isso que discordo cada vez que algum especialista recomenda viver dentro das possibilidades. Ao seguir tal conselho, você viverá em um ambiente limitado. Cada vez que, ainda garoto, eu cruzava a ponte para a casa de meus amigos, meu cérebro estava absorvendo o que era viver em um padrão de vida diferente... um padrão que eu queria para mim. Meu cérebro buscava formas de conseguir tal estilo de vida.

Isso não significa sair correndo para comprar uma casa enorme, carros possantes, roupas novas e acumular pilhas de dívidas. O que quero dizer é que você deve constantemente se desafiar, de maneira inteligente e consciente, a buscar melhorias em seu padrão de vida, aumentando, dessa forma, sua inteligência financeira.

A melhor maneira de aumentar sua inteligência financeira é encontrar, antes de tudo, o ambiente que favorecerá o crescimento e o desenvolvimento de suas habilidades. Isso pode ser tão simples quanto ir à biblioteca ou ler um livro escrito por alguém que você admira ou folhear revistas com fotos de casas suntuosas. O primeiro passo é, conscientemente, estimular seus neurônios-espelho para o padrão de vida que você quer e para as pessoas às quais deseja se igualar.

Resumo

As pessoas que tendem a não desenvolver suas inteligências são financeiramente fracas. Elas procuram por ambientes e respostas fáceis. São as pessoas facilmente manipuladas, que pagam muitos impostos, trabalham arduamente e vivem dentro de suas possibilidades. Elas podem ser boas pessoas, inteligentes, academicamente evoluídas, mas, sem o desenvolvimento financeiro de todos os seus três cérebros, o mais provável é que se mantenham financeiramente fracas.

O sucesso requer certo grau de firmeza mental e física. Se você pode treinar seu cérebro esquerdo para entender o assunto, engajar seu cérebro direito para buscar soluções criativas, manter seu cérebro subconsciente estimulado em vez de amedrontado e, então, finalmente, agir com a disposição de cometer erros e aprender, você será capaz de fazer coisas mágicas e, afinal, desenvolver suas habilidades e talentos.

Capítulo 10

Como desenvolver seu QI Financeiro

Algumas aplicações práticas

Este livro é sobre desenvolver a inteligência financeira e incrementar o QI Financeiro. Como escrevi anteriormente, você precisa da integridade de todas as cinco inteligências para ter sucesso e enriquecer. Sei que é mais fácil falar do que fazer. Desenvolver suas cinco inteligências é um processo longo, que não pode ser conquistado em poucos dias ou em apenas um ano. Trabalho continuamente no desenvolvimento de minhas inteligências e encorajo você a fazer o mesmo. Este capítulo fornecerá algumas idéias práticas para aguçar seu QI Financeiro.

Muitos especialistas em finanças recomendam investir para o longo prazo. A maioria quer, na realidade, que você entregue a eles seu dinheiro para que possam ganhar comissões. O problema com esse tipo de conselho é que você não aprende muito, se é que aprende algo. Ao final do longo prazo, você não desenvolveu seu QI Financeiro. Além do mais, a maioria dos investidores de longo prazo investe em investimentos de alto risco que oferecem baixo retorno e pouco controle.

Em vez de seguir cegamente os conselhos dos consultores financeiros, você deve considerar investir em *ambientes transicionais* que, no longo prazo, fortalecem todos os seus três cérebros e oferecem oportunidades de estimular seu QI Financeiro. Alguns exemplos desses ambientes são:

1. Escola. A escola é um ambiente de transição para muitas pessoas. Assistir às aulas é uma excelente forma de melhorar as funções dos cérebros direito e esquerdo. O problema com as escolas tradicionais é que elas não são um bom ambiente para desenvolver o cérebro subconsciente, o mais poderoso dos três cérebros. A maioria das escolas tradicionais magnifica os neurônios-espelho do medo de falhar e do medo de cometer erros.

2. Igreja. Tenho notado que existem dois tipos de igrejas: aquelas que ensinam o *amor* a Deus e aquelas que ensinam o *medo* de Deus. Não sei o quão efetivo pode ser *temer* a Deus, ainda assim creio que a igreja é um excelente lugar para encontrar força espiritual, o que, por sua vez, fortalece o cérebro subconsciente. Espera-se que, com maior força espiritual, a pessoa seja capaz de mostrar-se mais generosa e que tenha ética e moral.

3. Forças Armadas. A Marinha foi um ambiente fantástico para que eu desenvolvesse todos os meus três cérebros. Como piloto, precisei de todos eles e de todas as sete inteligências, até mesmo a musical. Com freqüência, tocávamos rock-and-roll para levantar o moral, enquanto voávamos em direção à zona de combate. Hoje, acredito ser melhor como empreendedor, especialmente quando perco dinheiro, porque aprendi a aperfeiçoar continuamente minha inteligência intrapessoal e a manter meus medos sob controle.

4. Marketing de Rede. Muitas empresas de marketing de rede são ambientes incríveis de aprendizado porque oferecem treinamento, apoio, estrutura de negócios e de produtos – assim, você pode focar em desenvolver suas habilidades de venda e construir o próprio negócio. Recomendo a qualquer pessoa que queira ser um empresário que se junte a uma empresa desse tipo para um dos melhores treinamentos em negócios. Essas empresas focam no desenvolvimento de todos os três cérebros e, especialmente, no fortalecimento do cérebro subconsciente.

*5. **Business.*** Existem basicamente duas espécies de empresas... grandes e pequenas. Trabalhar para grandes corporações pode ser excelente para desenvolver seus três cérebros, especialmente o cérebro subconsciente. A pressão que meus amigos sofrem nesse tipo de empresa é imensa. Como eles agüentam, eu não sei. Os jogos mentais e os bastidores da política também oferecem grandes oportunidades para treinar suas inteligências inter e intrapessoal.

Para aqueles que querem ser empresários, assumir um trabalho em uma pequena empresa pode significar estar dentro do melhor ambiente de aprendizagem. Uma das vantagens nesse caso é que, ao contrário de uma grande corporação, nas pequenas empresas conseguimos enxergar todos os diferentes aspectos negociais. Em *Empreendedor Rico*, descrevo as oito partes essenciais de um negócio. Ao trabalhar para uma pequena empresa, você aprende todas as oito e ainda ganha experiência, o que é essencial para ter o próprio negócio.

*6. **Seminários.*** As escolas tradicionais são importantes para as pessoas que querem diplomas ou licenças para atuar, tais como: médicos, advogados e arquitetos. Também são importantes para as pessoas que querem subir na escala corporativa ou governamental, onde se requerem diplomas de escolas de primeira linha para promoções. Os seminários e convenções, no entanto, são perfeitos para as pessoas que querem ser empresários ou investidores. Hoje, há seminários e convenções para todo e qualquer assunto na face da Terra. Tudo que você precisa fazer é achar o evento que desperta sua atenção.

*7. **Coaching.*** Donald Trump e eu somos afortunados por termos tido Pais Ricos que foram nossos professores particulares. Qualquer pessoa que já praticou esportes coletivos sabe que um bom técnico pode representar o sucesso do time.

Minha empresa The Rich Dad Company também tem uma divisão de *coaching*. Ela é composta por técnicos profissionais que não apenas são excelentes orientadores, como também praticam aquilo que ensinam. Essa divisão é para pessoas que querem atenção individual. Como acontece com todos os programas da empresa *Pai Rico*, coloca-se grande ênfase na educação dos três cérebros.

Agora, se você está pensando "Como posso pagar por um *personal trainer* se não tenho dinheiro?" ou "Por que preciso disso, já que estou indo tão bem?", reflita sobre o seguinte: quando alguém diz "Não tenho condições" ou "Não preciso de ajuda" quando, na verdade, precisa, é a mente subconsciente falando. E é exatamente por isso que a pessoa precisa de ajuda técnica.

Um orientador ou *coach* é essencial para qualquer um que já esteja pronto para a transição do ponto A para o ponto B, de um ambiente para outro. Não fosse meu Pai Rico orientar-me por quase 30 anos, eu não estaria onde estou hoje. Ainda assim, mesmo nos dias de hoje, continuo a ter um bom número de *coaches* porque ainda tenho uma mente subconsciente que não está totalmente alinhada com meu espírito.

8. Internet. São vários os sites que hoje disponibilizam informação financeira gratuita. Alguns, inclusive, com ótimos downloads. Se você entende inglês, pode acessar meu site www.richdad.com. Nesse site, você poderá fazer o download de um vídeo que fiz com o dr. Michael Carlton, cujo título é "Can People Be Addicted to Being Poor?".

Esses são exemplos de possíveis ambientes transicionais. Para mim, a Marinha, a Xerox, meus próprios negócios e investimentos no mercado imobiliário são os ambientes nos quais aprendi a desenvolver minhas habilidades. Se você quer desenvolver sua competência financeira, então escolha quais devem ser os melhores lugares para você.

O que é preciso para ser um empreendedor?

A maioria de nós sabe que os empreendedores são as pessoas mais ricas da face da Terra. Hoje, alguns dos mais famosos empreendedores são: Richard Branson, Donald Trump, Oprah Winfrey, Steve Jobs e Rupert Murdoch.

Há um debate para entender se "os empreendedores são natos ou se o empreendedorismo pode ser desenvolvido". Levanta-se essa questão porque as pessoas acham que é preciso ser especial ou ter algum dom de magia para se transformar em empreendedor. Para mim, isso nem é grande coisa. Por exemplo, há uma garota de 15 anos na minha vizinhança que administra um negócio de *baby-sitting* bastante lucrativo e que contrata suas colegas de sala para trabalhar como babás. Ela é uma empreendedora. Outro jovem faz pequenos consertos após as aulas. Ele é um empreendedor. O que a maioria das crianças não tem é medo. Enquanto para muitos adultos é exatamente o que está sobrando.

Duas características de empreendedores

Hoje, há milhões de pessoas que sonham largar seus empregos e transformar-se em empreendedores, gerenciando os próprios negócios. O problema é que, para a maioria, os sonhos são apenas sonhos. Nunca se realizam. Assim, a questão é "por que tantas falham em tornar realidade seu sonho de ser uma pessoa de negócios?".

A melhor resposta a essa velha pergunta veio de um amigo: "Os empreendedores têm duas características... *ignorância* e *coragem*."

Na verdade, essa afirmação tão simples é bastante profunda. Explica muito mais do que o empreendedorismo em si. Explica por que muitas pessoas são ricas e a maioria não é. Uma das razões, por exemplo, de muitos alunos "A" não serem ricos é o fato de eles terem inteligência, mas lhes faltar coragem. Existem muitas pessoas a quem faltam ambas as características: sabedoria e coragem.

A história de dois cabeleireiros

Tenho um amigo que é um brilhante *hairstylist*. Quando se trata de deixar as mulheres lindas, ele realmente é um mágico dos cabelos. Por anos, ele tem falado em abrir o próprio salão. E tem grandes planos, mas, lamentavelmente, tudo que faz é administrar uma única cadeira em um grande salão que não lhe pertence. E constantemente briga com o dono.

Tenho outro amigo cuja esposa cansou de ser aeromoça. Dois anos atrás, ela desistiu desse trabalho e foi para uma escola de cabeleireiros. Há um mês, fez uma grande festa de inauguração de seu novo salão. É um ambiente espetacular e atraiu alguns dos melhores *hairstylists* da região para trabalhar com ela.

Quando meu amigo mais antigo ouviu falar do salão dela, ficou perplexo: "Como ela pôde abrir um salão? Ela não tem talento. Não é nada especial. Não foi treinada em Nova York como eu. Além disso, não tem experiência alguma. Vou dar a ela um ano para falir."

Pode ser que ela venha a falir. As estatísticas dizem que mais de 90% de todos os negócios fecham nos cinco primeiros anos. Mas o detalhe dessa história é o impacto da *ignorância* e da *coragem* sobre a nossa vida. Nesse exemplo, temos um supertalentoso *hairstylist* – a quem falta coragem – e uma cabeleireira sem experiência, mas com coragem de sobra. Em minha opinião, a essência da própria vida é essa relação entre ignorância e coragem.

Em 1974, eu não tinha emprego, dinheiro, nem muita experiência em negócios. Não conseguia viver dentro do meu orçamento porque sequer tinha um. Não podia diversificar porque nada tinha para diversificar. Tudo que eu tinha era coragem. No mundo real, *coragem* é mais importante do que *notas* boas. *É preciso ter coragem para descobrir, desenvolver e doar seus talentos para o mundo.*

Lembre-se sempre de que sua mente é *infinita* e suas dúvidas são *limitadoras.* Ayn Rand, a autora de *Quem é John Galt?*, disse: "A riqueza é o produto da capacidade do homem de pensar." Assim, se você está pronto para mudar sua vida, encontre o ambiente que permitirá que todos os seus três cérebros pensem como ricos. E, quem sabe, você descobrirá, finalmente, quais são suas habilidades especiais.

Seu feedback auxiliar: nenhum homem é uma ilha

Vivemos em um mundo de feedback. Quando subimos em uma balança, nosso peso está nos dando um feedback. Se a balança nos diz que engordamos 5kg, podemos não gostar disso, especialmente se já estivermos 10kg acima do peso. Quando seu médico mede sua pressão e envia uma amostra do sangue a um laboratório, ele está procurando por um feedback, ou seja, informações para fazer uma avaliação de seu estado de saúde.

Feedback é muito importante. Pode ser uma fonte muito importante de informação sobre nós e sobre o meio em que vivemos. O problema é que, se não gostarmos do feedback, nossa mente subconsciente pode bloquear, distorcer, diminuir ou negar a importância da informação contida nele.

Uma das lições mais esclarecedoras que aprendi na Marinha foi a importância do feedback. Quando eu cometia erros, o feedback era intenso e definitivamente sem adulação. Quando eu trabalhava com meu Pai Rico, havia a mesma intensidade nos feedbacks. Ao escrever o livro com Donald

Trump, eu recebia dele feedbacks rápidos e certeiros. Não fosse por meu treinamento militar ou pelo fato de ter trabalhado com meu Pai Rico, sei que nunca poderia ter feito nada com Donald. Seu feedback era veloz, ferino e franco. Sei que se tivesse contra-argumentado, discordado ou não tivesse escutado os comentários dele, não teríamos trabalhado juntos – e eu não teria aprendido tanto.

Menciono isso porque hoje muitos de nós trabalhamos em ambientes em que não se permite feedback, ou ele não é sincero nem honesto. Muitas escolas e empresas receiam lhe dizer o que você precisa ouvir porque temem processos de assédio moral. Muitos amigos e colegas falam pelas costas porque não têm a coragem de falar com franqueza. Isso não é um ambiente saudável; ao contrário, é altamente disfuncional.

Um ambiente saudável oferece feedback. A vida está, constantemente, nos oferecendo informações preciosas, se você estiver disposto a recebê-las, e, na maioria das vezes, o feedback é de graça. Cada vez que você recebe o contracheque e vê quanto está pagando de impostos, isso é feedback. Se seus credores estão ligando, demandando pagamento, também é feedback. Se você está trabalhando arduamente, mas não está ganhando o suficiente, isso é feedback. Se você gasta mais tempo no trabalho do que em casa com seus filhos, isso é feedback. Se seu filho está envolvido com drogas e está sendo procurado pela justiça, isso é feedback. Se seus amigos são todos perdedores – e gostam disso –, isso é feedback. São informações relevantes. O mundo real está tentando dizer algo a você.

Seu padrão de vida é uma excelente fonte de feedback. Se você está vivendo em uma casa que o faz se sentir pobre, isso é feedback. Se você está dirigindo um carro velho popular quando gostaria de estar dirigindo uma Lamborghini, isso é feedback. Padrão de vida significa, simplesmente, aquele com o qual você melhor se adapta. Não é sinônimo de *confortável*, *inferior* ou *complacente*. Padrão de vida significa que você está orgulhoso e apaixonado por sua casa, por seus amigos e por suas posses, em vez de invejar o padrão de vida de outras pessoas. Isso obviamente não significa que você deva melhorar seu padrão de vida fazendo dívidas. Estou falando em melhorar seu padrão de vida primeiro encontrando um ambiente que seja favorável ao aprendizado, então aprender e depois ficar rico.

Você não precisa de grandes escolas, de grandes empregos ou de ler bons livros para receber muitas das melhores informações do mundo. Tudo que você tem de fazer é olhar ao redor e escutar os feedbacks.

Existem três coisas que você deve saber a respeito de feedback:

1. ***Tenha a coragem de estar aberto a feedbacks.*** Se você quer melhorar, procure por mais feedbacks. É por isso que *coaches* e mentores são importantes para as pessoas de sucesso. Pessoas bem-sucedidas buscam feedbacks continuamente.

2. ***Ofereça feedback ou aconselhamento apenas se isso lhe for pedido.*** Nada enfurece mais as pessoas do que receber feedback que não foi solicitado... mesmo que seja um feedback que elas saibam que estão precisando. Como diz o ditado: "*Não ensine um porco a cantar.* Você perde seu tempo e chateia o porco."

3. ***Aduladores e enganadores lhe dirão o que você quer ouvir, em vez de dizer o que você precisa ouvir.*** Essas pessoas sobrevivem graças aos mentalmente desinformados e emocionalmente fracos. Eles percebem onde você não está bem e, então, astuciosamente elaboram uma mensagem de marketing à altura de tal fraqueza. No mundo do dinheiro, enganadores conseguiram fazer com que as massas acreditassem que diversificar e viver aquém das possibilidades é inteligente, ainda que os investidores mais inteligentes do mundo como Warren Buffett não diversifiquem nem recomendem viver aquém das possibilidades.

Warren Buffett vive dentro de *seu* padrão de vida, que é muito diferente do padrão de vida de Donald Trump. Buffett vive em Omaha, no Nebraska, enquanto Donald Trump vive na cidade de Nova York. A questão é que ambos têm recursos para viver em qualquer lugar do mundo e sob qualquer padrão de vida que desejarem, mas estão felizes onde estão.

Algumas outras questões importantes são:

- Você está vivendo onde quer e tem o padrão de vida que deseja?
- Você está diversificando e vivendo *aquém* das possibilidades assim como os enganadores podem viver *além* das possibilidades?
- Você se relaciona com amigos e pessoas com quem você quer estar associado?

Se você quer se tornar mais saudável, mais esperto, mais rico e mais feliz, preste atenção ao próprio feedback. Ele está lhe oferecendo a informação mais importante do mundo. Mesmo que você não goste do próprio feedback, se você tiver a coragem de ouvi-lo e de aprender com ele, será bem-sucedido. Obrigado por ter lido este livro.

Conheça também os outros livros da série:

NÓS QUEREMOS QUE VOCÊ FIQUE RICO

Em tempos de incerteza econômica, Donald Trump e Robert Kiyosaki, dois titãs dos negócios, uniram forças em um livro que ressalta a necessidade premente de educação financeira.

ISBN: 978-85-352-2372-9
PÁGINAS: 352

MULHER RICA

Neste livro, Kim Kiyosaki mostra às mulheres que elas podem enfrentar qualquer desafio, independentemente de suas origens, nível de instrução ou de quanto dinheiro têm.

ISBN: 978-85-352-2235-7
PÁGINAS: 296

EMPREENDEDOR RICO

Você está cansado de trabalhar duro e não ir em frente? Está pronto para ser seu próprio patrão? ...então este livro é para você.

ISBN: 978-85-352-1959-3
PÁGINAS: 336

PAI RICO EM QUADRINHOS

Este livro é ideal para ensinar como as crianças podem lidar com dinheiro.

Isbn: 978-85-352-1904-3
Páginas: 64

PAI RICO, PAI POBRE PARA JOVENS

Este livro, escrito de forma direta é um guia para o sucesso financeiro pessoal.

ISBN: 978-85-352-1487-1
PÁGINAS: 168

QUEM MEXEU NO MEU DINHEIRO?

Este livro é para as pessoas que querem exercer maior controle sobre seu dinheiro e obter retornos superiores àqueles auferidos pelo investidor médio.

ISBN: 978-85-352-1486-4
Páginas: 248

COMO FICAR RICO

Todos precisam saber como fazer o dinheiro trabalhar a fim de não ter que passar a vida trabalhando por dinheiro. Este livro mostra como fazer conseguir isso.

ISBN: 978-85-352-1359-1
Páginas: 104

HISTÓRIAS DE SUCESSO

Este livro é composto de histórias de sucesso de pessoas que absorveram a sabedoria do Pai Rico e encontraram seu próprio caminho para o sucesso financeiro.

Isbn: 978-85-352-1358-4
Páginas: 248

PROFECIAS DO PAI RICO

Neste livro, Robert Kiyosaki mostra como todos seremos afetados pelas falhas no financiamento das aposentadorias, não importa a idade e o local de residência.

Isbn: 978-85-352-1283-9
Páginas: 264

APOSENTADO JOVEM E RICO

Ele livro foi escrito para ajudá-lo a descobrir sua própria liberdade financeira, liberdade do trabalho penoso de ganhar a vida.

ISBN: 978-85-352-1099-6
Páginas: 360

PAI RICO - O GUIA DE INVESTIMENTOS

Este livro é um guia de longo prazo para quem deseja tornar-se um investidor rico e investir naquilo em que os ricos investem.

ISBN: 978-85-352-0986-0
PÁGINAS: 456

PAI RICO PAI POBRE

O objetivo deste livro é o de partilhar percepções quanto à maneira como uma maior inteligência financeira pode ser empregada para resolver muitos dos problemas comuns da vida.

Isbn: 978-85-352-0623-4
Páginas: 192

Sistema CTcP,
impressão e acabamento
executados no parque gráfico da
Editora Santuário
www.editorasantuario.com.br - Aparecida-SP